不登校・ニート
ひきこもり
の家族に贈る

気持ちを切《き》り替《か》える力

［レジリエンス］

家族支援カウンセラー　森 薫

学びリンク

まえがき

「ここまで来るのがやっとでした！」

私のカウンセリングルームにやってきた女性の足取りは重く、目の輝きは失われてしまっています。


「眠れていますか？」

「いいえ」

「食事はとれていますか？」

「いいえ、食欲もありません。気力が萎えてしまって、なにをする気にもならないのです」

自慢の子どもが不登校になったことで、夫や夫の両親との関係が悪化してしまい、〝母親失格〟の烙印《らくいん》を押されてしまったのです。

「子どものことがわからなくなりました。最近は、近くに寄るだけで『近づくな！』と怒り出すんです。私の声を聞くのも嫌だって…」

苦戦する家族の中で、最初にカウンセリングを受けに私のところにやってくるのは、圧倒的に母親です。

自慢の息子や娘が学校生活につまづき、母親が信じて、追い求めてきたレールから外れたうえに、その子どもたちからコミュニケーションを拒否されることによってパニックを起こしてしまいます。

「一生懸命やってきたのに、何が悪かったというのでしょうか？」

実は昨今、こんな親子関係が増えています。

今まで自慢の子どもであった我が子が、突然口をきかなくなっただけでなく、母親が近づくことさえも拒否し、母親の声が聞こえただけで身体を震わすのです。

また、ある不登校経験のある女子高生に話を聴くと、こんなふうに話してくれました。

「生まれてこの方、私の意志が尊重されたことはないんです。

いつも、母親の意志で修正が加えられました。この辛さは、母親にはわかってもらえないと思います。小学校時代、学校へ提出する作品のすべてに、『あなたのためよ！』と言いながら手が加えられました。そして修正されたものが評価されると、『ほら、良かったでしょ、ほめられて』と母は喜んでいるんです。

私が先生方のほめ言葉をどんな恥ずかしい思いで聞いていたかなんて、ちっともわかっちゃいません。私が手に入れてきた評価は母親の修正力によるまがい物でしかないのです。

私は、自分の人生のオーナーになりたいんです。それには母親から自分の人生を取り戻すしかありません。母親とこのまま一緒にいるぐらいなら、狂って精神病院に入った方がよほどましだと思います」

この母親は、自分が娘を苦しめていることには全く気づいていません。「娘のために」「これが母親の役割だ」として、むしろ一生懸命なのです。

母親と子どもとのすれ違いにていねいに声を傾けると、こういった問題が徐々に見えてきます。しかし、こういった親子関係が生まれる、その責任を母親にだけ押しつけることはできません。

いま、本当に子育てが難しくなりました。

かつてのように、多くの大人たちが子育てにかかわった時代と違って、母親と子どもが密室の中で孤育《こそだ》て（孤独な子育て）に追いやられることで、親子のすれ違いが生じやすくなっているのです。

カウンセリングルームにやってくる不登校の子どもの母親のほとんどが、先の女性のように、自信を喪失してうつうつとした気分、または自分の何がいけなかったのかがわからず途方にくれてやってきます。実際に〝うつ病〟の診断を受けていたり〝うつ病〟ほど深刻ではないものの〝抑うつ状態〟として、薬の処方を受けている人が圧倒的です。毎日が辛く、誰にも相談できず、孤独感を深めているのです。

そして近年、父親からの相談も少なくありません。一生懸命家庭のために頑張っているのに、ちょっとしたすれ違いから、家族を危機に落とし入れ、自らも心理的に追い込まれている様子に、胸が痛みます。


あるお父さんは、こう話してくれました。

「一人っ子なので、人間関係力に弱さがあったら困ると思って、小学校に入ったらすぐに少年野球に入れたんです。そして、私もコーチをかってでて、つきっきりで少し厳しめの指導をしました。ところが、小学4年になった頃から、子どもに心身症状が出はじめて『パパと一緒じゃいやだ！野球をやめる！』と宣言して、そ

こから関係がこじれ、野球だけではなく、学校も行かなくなってしまったのです。母親からは『野球もスポーツも人間関係も要求しすぎたからだ。私の息子を返して！』と泣き叫ばれるし、息子は口を聞こうともしないし、家に帰るのが地獄なんですよ」

こうして我が子や妻との関係に悩み途方にくれているお父さんも少なくありません。

この問題は、私のカウンセリングルームにやってくる相談者たちばかりではありません。今わが国では、職場での人間関係、親の介護、我が子の苦戦などによる〝一億総うつ社会〟とも呼ぶべき危機的状況が広がっています。

日本財団の調査では、昨年一年間の自殺未遂者53万人、自殺を考えた人は成人の４人に1人とも言われているのです。また、50万人を超える人が〝うつ病〟により、休職しています。そこまでいかなくても〝うつ的気分〟や〝抑うつ状態〟で苦しんでいる人はその何倍もいることが推測されるのです。

そして、これらの人々に共通するのが、自らの力で負の気分から抜け出すための〝切り替える力（レジリエンス）〟を持たないということです。

今、明るく前向きに生きるために最も必要なスキルは、学力でも体力でも経済力でもなく、自分を負の気分から幸せな気分に**〝切り替える力（レジリエンス）〟**ではないでしょうか。

本書では、うつうつとした〝うつ的気分〟を、明るく前向きな気分へと切り替える具体的な方法を、苦戦する家族をはじめとする、世のすべての人々に、私の経験を踏まえて提示したいと思います。

※レジリエンスとは〝精神的回復力〟〝抵抗力〟〝復元力〟〝耐久力〟などとも言われていますが、この本ではそれを〝切り替える力〟だと考えます。

第1段階の“うつ的気分”は、
- 気分が落ち込んでネガティブ思考が強まる
- 自己肯定感が著しく低下した状態
- “うつ”の入り口

第2段階の“抑うつ状態”は、
- “うつ的気分”が強まり、負のスパイラルにはまった状態
- イライラが募り、感情コントロールができず、怒りっぽくなったり、泣き出したりする
- さらには食欲不振、不眠などの症状が出てくる

第3段階の“うつ病”は、生きる気力が萎えて、
- 食べない、風呂に入らない
- 人にも会いたくないなど、日常生活が困難になるほど症状が悪化
- 自殺願望も強まり、医師が診断をくだします

※あくまで自身の心身状態の目安としての3段階です。

目次

第3章　行動を切り替える（レジリエンスの実践編）……96

第1章

言葉を切り替える

（レジリエンスの基本編）

第1章では、日常にひそむ、うつを呼び起こす「言葉」について、まず書いてみました。昔から言葉は〝言霊〟と呼ばれ、発した言葉は現実を引き寄せると言われています。

発する言葉次第で、人は不幸を呼び込むこともあれば、幸せを呼び寄せることもできるのです。

1 日常にひそむ、自分を家族を傷つける言葉

今この本を読んでいるあなたは、〝誰よりも一番大切にしなければならない自分自身〟を傷つける言葉を日常的に使っていないでしょうか？

私のところに相談に来る人のほとんどが自分で自分をほめてあげることを知らず、むしろ自分を貶《おとし》めてしまっています。


「どうせ、何をやってもうまくいかない！」

「自分だけが世の中から取り残されている！」

「私は誰からも相手にされていない！」

「こんな私じゃ、結婚なんかできっこない！」

「また、失敗しそう！」


自信を喪失し、こんな言葉で自分の価値を下げてしまっている姿は、とても悲しいもの

です。
私たちの脳は基本的にネガティブに働くような構造になっていて、どうしてもネガティブな思考に陥ってしまいがちです。よほど意識しないと、過去を掘り起こしては後悔してため息をつき、起きてもいない未来のできごとに不安を掻き立てられて、否定的な言葉を発してしまうことが多くなります。

また、私が出会った苦戦家族の多くが、お互いを信頼し応援し合うのではなく、不信感をあおりたて否定し合う言葉に支配されていました。
ずっとお互いを否定する言葉のシャワーの中で家族が過ごしてきているのです。

ある子どもが、親が投げつけてくる否定的な言葉を〝タワシ〟と表現したことがあります。スポンジのタワシではありません。トゲトゲしい金ダワシです。毎日何十回もぶつけられると、痛みで気持ちが麻痺し何も考えられなくなり、生きる力が萎えてくるというのです。

「早くしなさい！」

「だらしない！」

「情けない！」

「こんなこともできないの」

「私に恥をかかせないで」

「どうせあなたには無理！」

「夢みたいなこと言わないで！」

「あなたの頭じゃ、その辺が限界！」

「ここで潰れたら、あなたはおしまいよ」

「今のままだと、絶対に幸せにはなれないわ」

などなど。


母親から子どもに投げられることの多いタワシです。

また父親も子どもに（もしくは妻に）タワシを投げてしまいます。

「そんなことで生きていけると思っているのか」

「甘えるな！」

「子どものくせに（女のくせに）つべこべ言うな！」

「誰が面倒をみてやっていると思うんだ！」

「お前はもうだめだ！」

などなど。


これでは家族の中で否定的な言葉が強化され、家族全体がどんどん負のスパイラルにはまりこんでしまい、家族の中から明るい笑顔が消えてしまうのです。

普段日常的に使っている否定的な言葉を、一気に肯定的な言葉へと180度切り替えることは難しいかもしれません。そこで、言葉の切り替えの第一歩として、自分が発している否定的な言葉を、ほんのちょっぴり減らすことにチャレンジして欲しいのです。

「自分がタワシの言葉を使っているかわからない」と思ったら、まずあなたの身近な人たちの表情を思い出してみてください。

あなたと話しているとき相手は笑顔でしょうか？

苦々しい表情をしていたり、悲しげだったり、苦しげだったり、もしあなたの身近な人がそういう表情をしていたら、あなたはきっとその人に〝タワシ〟の言葉を投げてしまっているのです。

あなたの隣の人は笑顔でしょうか？
嫌そうだったり、困っていたり、悲しそうではないですか？
相手が笑顔になる言葉を考えていきましょう

2 落ち込みを軽くする言葉

人はショックなことに出会ったり、物事がうまくいかないことに遭遇すると、気持ちが落ち込むことは避けられません。その落ち込みが大きければ大きいほど、長引けば長引くほど〝うつ的気分〟は強まり、その回復には時間がかかります。そのまま回復できずに〝うつ病〟を発症することにもつながりかねません。

そうならないためには、そのショックや否定的な感情をやわらげる言葉をうまく使う必要があります。


「まあ、いいか！」

「しょうがない！」

「起きてしまったことは仕方がない！」

「このぐらいならまだましだ！」

などなど。

特に「まあ、いいか！」という言葉は魔法のようにショックをやわらげてくれます。「まあ、いいか」と言葉にすると、これまでネガティブであった脳が勝手に、「それでいいのだ」と思い込んでくれます。薬として効く成分の入っていない偽薬でも〝効く〟と思い込んで飲めば、本当の薬と同じ効果が出るというプラシーボ効果と似たことが起きるのです。

さらに「まあ、いいか」と口にしながら、口の端をあげ、顔の表情をゆるめてみてください。それで脳はまた〝この人は笑っている〟と認識して、幸せホルモンであるドーパミンやセロトニンを分泌し、気分を安定させてくれます。

また、落ち込んでいる自分に、こんな言葉をかけてあげるのもいいでしょう。

「ときにはこんなこともあるよ」
「泣きたければ思い切り泣けばいい」
「次はいいことがあるさ」

ショックに溺れ込まずに、落ち込んでいる自分に少し距離を置いて、第三者的に声をかけてみるのです。

真面目な人ほど、一度落ち込むとその回復にとても時間がかかります。一度取り込まれてしまった感情や気分を切り替えることが苦手なのです。うらみの感情がいつまでも尾を引くことも少なくありません。

気分の落ち込みを小さくする言葉を効果的に使うことができれば、苦手な人間関係を少しでもスムーズにすることに大いに役立つことでしょう。

人は落ち込みやすいもの
しかしそんなとき自分で自分の落ち込みを
軽くすることができるのです

3 自分へのコンプリメント　魔法の言葉〝ありがとう〟

不登校やひきこもりの子どもたちに接するときによく使われる方法で「コンプリメント」というものがあります。「ほめる」「賛辞」という意味ですが、私はこの「コンプリメント」を〝自他を癒し、励まし、元気づけるコミュニケーション〟としています。

ちょっと気持ちが萎えたりブルーになりかけたときに、自分を癒し、励まし、元気づけてあげるためには、まず**自分をコンプリメント**することを忘れてはなりません。自分の頑張りを一番よく知り、わかってあげられるのは自分自身です。家族だって、自分のすべてを理解してはくれません。

むしろ家族であるからこそ、自分の欲しい言葉を伝えてもらえないと、そのすれ違いによって哀しみは深まるのです。

人間が幸せになるためには、承認欲求が満たされていなければいけません。

しかし現実には、

「どんなに頑張ってもほめてもらえない」

「コツコツ努力していても認めてもらえない」

というように、〝もらえない〟場面が多いと思います。もらえないことが多いと、〝もらえない症候群〟を引き起こして自信を喪い、うつ的気分に支配されることになるのです。

そして、「どうせ…」という否定的な言葉を口に出して、負のスパイラルにはまってしまいます。〝もらえない症候群〟に陥らないためには、自らを積極的に承認して、自分をコンプリメント＝癒し、励まし、元気づけてあげましょう。

自分が一番癒される魔法の言葉。
それは、〝ありがとう〟です。

「今まで頑張ってきてくれてありがとう！」
「今まで健気に生き抜いてくれてありがとう！」
「おかげさまで今があります。ありがとう！」

今までの自分しか知らない生き様を丸ごと肯定し、今、ここに生命《いのち》があることに感謝して、自分を最大限ねぎらってあげてください。

自分で自分をほめていいのです。たくさん自分を抱きしめてあげてください。

そして「ありがとう」以外にもたくさん自分をコンプリメントしてあげましょう。
今頑張っていることを書き出してみると、コンプリメントしやすくなります。

・**遅刻もせず毎日仕事に行っている。**
←
すごい！たいしたもんだ！

・**よく仲間の愚痴を聴いてあげている。**
←
えらい！優しいね！

・**節約して少しずつ貯金もしている。**
←
よくできた！努力しているね！

・ときどき故郷の親に電話している。
←優しい！親思いのいい子だね！

・健康のことを考えてお弁当を作っている。
←お見事！立派だよ！

・家族のために手作りの料理を心がけている。
←言うことなし！完璧だね！

できていないことを探すのではなく、少しでも今できていることを確認して、しっかりコンプリメントしてあげることで、心は軽くなり前向きな気持ちが湧いてきます。

「ありがとう」をはじめとする明るく前向きな言葉を聴くと、それが自分の発した言葉であっても、脳はハッピーホルモンであるセロトニンを分泌させ、幸せな気分にさせてくれるのです。

私自身が、自分へのコンプリメントとしてよく使うのは、次のような言葉です。


「よくやっていると思うよ」

「今日も健気に頑張りました。花丸をあげます」

「まだまだ成長できているね」

「少しずつカウンセリングがうまくなっています」

「だいぶ切り替え力がついてきたね」

おかげさまで落ち込むことが少なくなり、笑顔でいられることが多くなりました。
まずはI am OK（私は素晴らしい！）と自分を承認してあげてください。するとYou are OK（あなたは素晴らしい！）と周囲を承認するエネルギーも湧いてきます。

家族であるからこそ、すれ違いは
深い悲しみを生み出してしまうのです
家事はできてあたりまえ
尽くしてもらうのは、あたりまえ

まずは自分をコンプリメント
私は頑張っている
えらい！

4 〝うつ〟から身を守るアサーティブ

日本人の多くが喜怒哀楽の感情の中で、〝怒〟と〝哀〟の感情表現が上手ではありません。それは長らく「男は人前で泣くものではない、耐えるものだ」「女は人前で怒ってはいけない、慎しみ深くあるべきだ」と戒《いまし》められてきた歴史的背景があるのではないかと私は思っています。

しかし、現代のストレス社会において、怒りや哀しみの感情を表現できずに心の内に押し込めておこうとすると、それは、心身の不調を引き起こし、ついには、〝うつ的気分〟にはまり込むことにつながってしまいます。

特に頑張り屋の人で、弱音を吐いたり助けを求めることが苦手な人ほど、メンタル面では追い込まれやすいのです。

否定的な感情は抑えてはいけません。

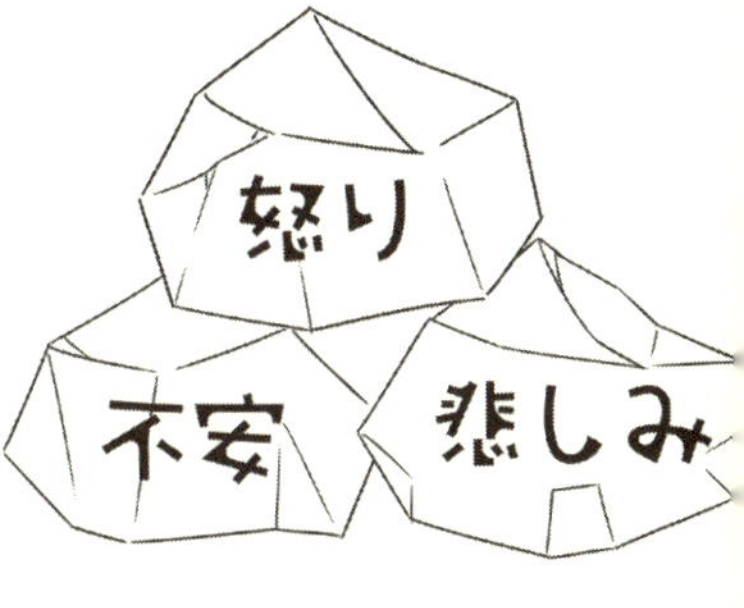

感情には、「喜び」、「楽しさ」という肯定的なものと、「悲しみ」、「怒り」、「辛さ」、「苦しさ」、「うらみ」などの否定的なものがあります。肯定的な感情は誰もが表現しやすいですが、否定的な感情はうかつには表に出せず、しまい込んでしまいがちです。

しかし、やみくもに怒りを爆発させても、周囲から理解されないばかりか、人間関係を壊してしまうことになりかねません。

母親と思春期の子どもの間でよく起こるトラブルについて言うと…

母親「今まで、あんたは、いったい何をやってたの？　こんな時間まで非常識でしょ！これから、あんたの約束は一切信じませんからね！」

思春期まっ盛りの中学生の娘が帰宅したとたんに、母親は顔を真っ赤にして怒りをぶつけます。

娘　「うるさいなあ！塾の友達の相談に乗ってあげてたの！」

娘もとたんに不気嫌になり、反撃を開始します。

母親「そんなこと言って、この前もそうだったじゃない！あんたはウソつきよ！」

母親の怒りは収まらず、さらに激しく追撃します。

娘「もういい！あんたとは口を聞かない！」

母親「母親に向って、あんたとは何よ！」

娘「うるせえなあ！」

母親「そんな口きくんなら、出て行きなさい！」

娘「ああ、出て行くよ！」

悲劇的な結末です。親子だけではなく、夫婦でもこのような感情のすれ違いは、全国の家庭で起きています。

どうすればすれ違いを防ぐことができるのでしょうか。そのためには、アサーティブなコミュニケーションがおすすめです。

アサーティブとは、自分の気持ちや考えを相手に伝えようとするとき、相手にも配慮する自己表現方法のことで、あの〝ドラえもん〟に出てくる〝しずかちゃん〟のコミュニケーションをイメージしてもらえるといいと思います。ジャイアンのように、攻撃的コミュニケーションでもなく、のび太のように非主張的コミュニケーションでもなく、しずかちゃんのコミュニケーションは、誠実で、率直で、対等です。

しずかちゃんのような母親なら、先ほどの場面でどのように対応したでしょうか。

まず、**自分の今ここにある感情がどんなものか、フォーカシングするでしょう。**

そうすると、帰りの遅い娘に苛立ちながらも、心配でいても立ってもいられない親心が見えてくるはずです。

そうです。さきほどのお母さんは子どものことが心配でならないのです。それならば、余分なことを削ぎ落として、その一点だけを表現すれば良いのです。

母親「お帰り、無事に帰って来てくれてほっとしたわ。私はもう、顔を見るまではいても立ってもいられないほど心配してたのよ！」

娘　「…ごめんね、塾の友達の相談に乗ってあげていたのよ」
母親「それは偉かったね。でも年頃の娘で心配だから、もう少し早めに帰ってきてちょうだい」
娘　「わかった！努力する」

こういうアサーティブな対応であれば、〝どれだけ心配しているか〟という一番伝えたかった感情が相手の心に届き、帰宅を早めさせたいという切実な願いも実現することにつながるでしょう。

しずかちゃん的アサーティブコミュニケーションについて、整理してみましょう。

①　相手を責めたり、批判したりしないこと
②　今、ここにある感情をあるがままの大きさで伝えること
③　『私は今』と最初につけること

つい相手を責める言葉を言ってしまいがちですが、そこをぐっとこらえて、自分の心の中のシンプルな気持ちをそのまま言葉にしてください。『私は今』をつけるだけで、自分の心に向き合いやすくなります。

例えば、

「私は今、とても疲れていてこれ以上何もできそうにありません」

「私は今、怒りでいっぱいですぐにこの場を離れたい気分です」

「私は今、傷ついていてうまく言葉が出そうにありません」

「私は今、イライラがマックスです。少しブレイクしていいですか？」

こうやって自分の感情にのみフォーカスして表現すればいいのです。

「こんな風にうまくいけば世話はない」「現実はそう簡単にはいかない」と、多くの方がおっしゃいます。その通りだと思います。しかし、一日の中で何回か意識して、自分のあるがままの感情にフォーカシングしてそれを言葉に出してみると、少しずつ感情をフーと息を吐くように表現できるようになります。

特に気分が重いときこそ自分の気持ちに素直になってみてください。

「今朝は、ちょっと気分が重めかな…」
「今は、食器の洗い物を放り出したい気分！」
「今、私は鼻がぐしゅぐしゅして最悪な気分！」
「今の子どもたちの反抗的な態度に私はプッツン寸前！」
「今、ワンちゃんに吠えられて、私も泣きたい！」

こんな風に日々自分の気持ちを意識して、なにげなく声に出してみることで少しずつうまくなっていきます。

アサーティブは、家族を〝うつ〟にしないための最高の予防薬です。大いに家族で取り入れてください。

もちろん職場の人間関係でも活用できます。

上司に一方的に怒鳴られたとき、

「私は今、とても不愉快な気分でいます！」

「私は今、悔しくて涙が出そうです！」

「私は今、きちんと反論できない自分が情けないです！」

「私は今、自分のことを理解してもらっていないんだとショックを受けています！」

「私は今、怒りで手がふるえています！」


こんな風に、自分の内にある否定的感情をさらりと表現できたら、職場で〝うつ〟に追いやられることもないでしょう。

大事なことは自分のメンタルヘルスを守ることです
自分の感情にフォーカスをあてて表現するのです
私は今、とてもイライラしています ブレイクしてきていいですか？
私は今 傷ついていて うまく言葉が出そうにありません
私は今 怒りでいっぱいで すぐにこの場を離れたい気分です
私は今 とても疲れていて これ以上仕事はできません
自分の内なる感情をしまい込まず
まず吐き出すことを大切に…
大切なのは フーッと吐き出すように さらりと表現できること そうすれば少なくとも 本当の感情を表現できない 自分のことを責めることは なくなるでしょう

5 家族や周囲の人へのコンプリメント

前項で自分に対するコンプリメントをお話ししましたが、今度はこのコンプリメントを自分以外の人に対してチャレンジしてみましょう。I am OK（私は素晴らしい！）という世界から、次は You are OK（あなたは素晴らしい！）の世界に足を踏み出してください。

自分以外の人に対して、効果的なコンプリメントを行うにあたって求められるのは、**相手への共感力・観察力・ほんのちょっぴりの勇気**です。

相手の状況やニーズを無視してコンプリメントしても、的外れなものになって相手の気分を害したり、人間関係を壊してしまうことにもなりかねません。相手の内なる状況を知るためには、話を静かに聴いてあげる傾聴的カウンセリングが欠かせません。しかし、さまざまな制約によって、カウンセリングという言語的コミュニケーションを展開できないことも少なくありません。そのときは、相手の表情や断片的な言葉、周囲の情報などから、相手の立場に立って、「自分ならどんな気持ちになるであろうか」、「どのように傷つき、葛藤するであろうか」と推し量ってみてください。

相手に寄り添おうとする共感力があれば、今励ましを求めているのか、一人でいたいのか、ただ何も言わずにそばに居て欲しいだけなのかが見えてくると思います。

言葉をかけるときは、ちょっぴり勇気を出して、シンプルでわかり易いものにしてみてください。


「一人で悩まないでね。良かったら話を聴かせて」

「おしゃべりすると気が紛れることもあるわ。お茶でもいかが」

「あまり自分を責めないで、自分を許してあげてね」

「いいことと悪いことは順番こだから、次はいいことあるかもよ」

「日にちが薬っていうから、明日は今日より楽になると思うよ」

「助けが必要ならいつでも言ってね」

「人に話すことで心は軽くなるよ」

「もやもやをすっきりさせるには、書いてみることも効果的だよ」
「いつでも味方だからね」

一人で落ち込んでいると、なかなか切り替えができず、負のスパイラルにはまってしまうことが多くなります。そんなときに自分のことを思ってくれている人がいるという安心感は気持ちを楽にしてくれるでしょう。

相手が何を考えているか相手の表情を見ながら話すといいですよ

相手をコンプリメントしてあげると必ずあなたにもすてきなお返しがあります。

〝与える人が与えられる人〟

困っている人に何かしてあげることができたとき、相手がちょっぴりでも喜んでくれたら、それだけで満ち足りた気持ちになることができます。人は誰かの役に立ったとき、必要とされたとき、本当に幸せな気持ちになれるのです。

以前「ボランティアは、人のためにするものではなく、させていただくものだ」と聞いたことがあります。自分にボランティアができる健康があり、時間的な余裕も与えられている幸せに気づかせてもらえるからだそうです。

私も周囲の人をコンプリメントすることで〝ありがとう〟と言ってもらえると、それだけで幸せを感じ、心身共に免疫力が高まっているのを感じることができます。

6 人間関係を良くする言葉

次は、人間関係を良くする言葉について考えてみましょう。

私は40歳のときに中学校教師をしていました。その頃の中学校は荒れに荒れていて、生活指導の前面に立つ私は、休みもなく夜遅くまで生徒の対応に追われたために、心身のストレスは限界を超えてしまったのです。その療養のため、住まいのある東京から遠く離れた、岡山県の倉敷の病院に数か月入院したことがあります。そして、そこで出会ったのが、おしげさんという70代後半の末期ガンの患者さんでした。前向きな気持ちを失っていた私は、このおしげさんにいろいろなことを教えてもらいました。

「なくしたもの、足りないものを嘆くより、まだ持っているもの、残されたものにもっと目を向けて、『おかげさま』と感謝しなさい」

「今ここに生命《いのち》があることに、

『おかげさま!』

『ありがとう！』
と心から感謝できるようになったら、
あんたの人生は変わる」

今でもそのときのことを昨日のことのように思い出します。

それから確かに私の人生は変わり始めたように思います。

生徒たちとの関係も良くなりました。教科係が教材を運んでくれたら、「おかげさまで助かった！ありがとう！」、教室の黒板がきれいに拭いてあったら、「おかげさまで気持ちよく板書できるありがとう！」と伝えることで、生徒たちの笑顔も増えていったのです。

教師仲間に対しても、常に「私が！私が！」とリーダー的役割に固執していたものが「先生のおかげで行事もうまくいきました」と口にできるようになったことで仲間たちから助

けてもらえることが多くなりました。

そのうちに、意識しなくても「おかげさま」「ありがとう」が自然に口をついて出てくるようになりました。おかげで、チームの裏方としてサポートする側の仕事もできるようになり、守備範囲がグッと広がったのです。

⑦ 相手の心を動かす〝あしたあおうよ〟

その後、中学校の教師を辞めて、縁あって通信制高校・サポート校の立ち上げに関わったり、不登校生やその保護者の支援や講演会活動を始めました。

そんな中で、「おかげさま」でと思うことがもっと増えて行きました。

全国を飛び回り、さまざまな苦戦する人々と出会う中でひらめいたのが、〝あしたあおうよ〟という言葉の仲間達です。

あ…ありがとう
し…幸せ
た…楽しい
あ…愛している
お…おかげさま
う…嬉しい
よ…良かった

私がよく使う言葉が〝あしたあおうよ〟の中にすべて収まったのでした。

苦戦している家族、特に子どもに接することの多い母親に、これらの言葉を積極的に使ってもらいました。すると、「子どもが変わり始めた」とか、「不登校から抜け出した」「家庭の中が明るくなって、夫婦関係が良くなった」等、予想以上に大きな反響があったのです。


「生まれてくれてありがとう」

「今日も、生き抜いてくれてありがとう」

「あなたの声が聞けただけでも嬉しかった」

「今ここに、あなたの生命《いのち》があることが何よりも幸せ」

「あなたのおかげで新しい出会いがたくさん生まれたよ。ありがとう」

「お父さんとの会話が増えたのは、あなたが不登校になったおかげです」

「あるがままのあなたを愛している」

「あなたが『おはよう』と言ってくれただけで、とても嬉しい」

「あなたの不安な気持ちを聴くことができて本当に良かった」

などなど。

最初は無反応な子どもたちですが、お母さんが繰り出す〝あしたあおうよ〟の温かさに触れるうちに、凍土のように固く閉ざされていた心が少しずつ溶け出していきます。「もう、無理をして頑張らなくてもいいんだ」「あるがままの自分を受け止めてもらえそうだ」と思えたとき、子どもはひきこもりの部屋から抜け出して、びっくりするような変化を見せ始めるのです。

この〝あしたあおうよ〟は、相手の心を動かすだけでなく、それを発する側がもっとも大きく変わり始めるのです。なぜなら〝あしたあおうよ〟を一番確実に聴き取るのは自分自身だからです。脳はこれらの明るく前向きな言葉をしっかり受け止めて、幸せホルモンをあふれるほど分泌させます。

言葉が変われば、必ず家族が変わります。

この〝あしたあおうよ〟を家庭内だけでなく、職場の人間関係や友人関係などにおいても、大いに活用して、人間関係を明るくスムーズなものにしてください。

8 幸せを呼ぶ〝聴く力〟

1章の最後では、自分が幸せを感じるだけでなく、相手をも幸せにするコミュニケーションの極意をお伝えします。**それは聴く力です。**相手の話に耳を傾け、相手の内なる思いを受けとめてあげることで、自他ともに幸せな気分を手に入れることができます。

このストレス社会にあって、何とか生き抜くために、大人から子どもまで精一杯頑張っています。それゆえ、その頑張りや見えない努力を、誰かにわかって欲しいとの承認欲求が強まるのです。たった一人でも、自分の存在を丸ごと認めてくれる人がいたら、どんなに救われるだろうか。皆、思いは同じです。

私のカウンセリングを受けに来る子どもや、以前、教師として関わった子どもたち…。これまで出会った子どもたちの多くが、話を聴いてくれる親や先生を求めていました。仕事の片手間やうわの空ではなく、自分のためにだけ時間を割き、きちんと向き合って欲しいと願っているのです。

自分のボキャブラリーが少なくても、話の順番が前後したとしても、うまく自分の話を引き出して最後まで聴き、自分の内側にある思いを受け止めて欲しいとの思いは切実です。話を急かしたり、途中で遮《さえぎ》ったり、一方的な解釈を押しつけるような大人たちには、心を開くことはありません。

そして、笑顔を忘れないで欲しいとも願っています。それは、こわい顔をしていられたら、「自分の話の内容が気にさわったのかしら」「言ってはいけないことを言ってしまったのだろうか」と、不安な気持ちにさせてしまうからです。笑顔で聴いてもらえると、「これでいいんだ」と安心でき、心の深いところにたまっていたものまで、一気に吐き出すことがで

きると言います。

・笑顔で
・最後まで
・急かさずに
・心を込めて聴く

こういう聴き上手になれば、相手の心を温め、心を軽くすることができます。相手も笑顔をとり戻すことでしょう。そんな相手のほっとした笑顔を見て、自分も幸せな気分になります。

〝与える人が与えられる人〟

聴き上手は、幸せを呼ぶのです。

家族に愚痴をこぼしても、

「そのぐらいのことで落ち込むなんて……」

「そんな弱気でどうすんの！」

「あんたの頑張りが足りないんじゃないの！」

「あんたの方にも、何か問題があるんじゃゃん！」

などと、全面受容とは程遠い対応をされると、余計に心は傷つき、次からは弱音が吐けなくなります。


思春期の子どもたちが、いじめを苦にして自殺することが続いていますが、家族や周囲の大人に話しても「どうせ誰にもわかってもらえない」との考えに追い込まれていた可能性があります。

このすれ違いが深い悲しみを生み出し、「自分は生きている価値のない人間だ！」との絶望感を強めて、子どもたちを死に追いやってしまうのではないでしょうか。

親子であれ夫婦であれ、一つ屋根の下で生活していようともお互い別人格です。お互いがよほど努力しなければ理解し合えません。家族だからこそ、心のすれ違いは深い悲しみにつながり、とり返しのつかない悲劇をもたらすのです。言葉に出し合い聴き合うことで、お互いの内なる思いを理解することができ、一緒に暮らすことの幸せを享受できるのではないでしょうか。

聴き上手になるための具体的スキルを、もう一つ紹介しましょう。

【聴き上手になるためのさしすせそ】

笑顔で相手の話を聴きながら、

さ……さすが！
し……知らなかった。教えて！
す……すごい！
せ……センスを感じる
そ……そうなんだ

と、サ行の言葉をうまく混ぜると、相手は気持ち良く話ができます。

このサ行の言葉は、若い人たちの合コンでよく使われ、上手に使いこなす人ほど、聴き上手・話させ上手として人気を集めるそうです。

大いに家族同士、仲間同士でも試して欲しいと願っています。

コラム❶

ST気質の子どもたち

私は、公立中学校の通級指導学級で、そして通信制高校・サポート校で、この本のテーマである〝切り替える力〟が特に弱く、切り替えに時間がかかる、不登校・ひきこもりの生徒やトラブルに巻き込まれやすい生徒たちを、ずっとサポートしてきました。

そして、その生徒たちやその家族との触れ合いの中で、共通した気質が存在することに気がついたのです。それからは、この気質の研究に力を注ぎ、ST気質（スペシャルタレント気質）と名づけ、あらゆる場所で、その気質への理解と支援を訴えてきました。

このST気質の人たちは、個性が認められ、自分らしく、マイペースに過ごさせてもらえるような環境では、精神的にも安定し、豊かな五感力をベースに、類まれなひらめきや発想力によって異才を発揮します。

しかし、集団への適応力を強く求められる学校であったり、規律の厳しい会社や組織では、ストレスをため込み、周囲との摩擦も多く、人間関係でつまづいてしまうことが少なくありません。

その気質ゆえに、一旦つまづくとネガティブな感情に支配され、気持ちの切り替えに時間がかかります。周りの人が適当にスルーする様なことでも、うまく折り合いをつけることができず、落ち込んだままフェードアウトしてしまうことも多いのです。不登校やひきこもり、離婚や思わぬ転職などの生きづらさにつながっていると言えるでしょう。


こういった特徴のある人たちを、〝発達障害〟と呼ぶ人たちもいます。

しかし私は発達障害という呼称について、ずっと大きな違和感を感じてきました。「困った子ども」を「発達障害の子ども」として、否定的側面のみを取り出し、そういった呼称をつけてしまうことは、周囲の人々に偏見を生じさせやすくなるのではないかと思います。もっとその子の優れたところを見て応援していきたいのです。

発達障害と診断される子どもたちは増え続けるばかりですが、診断名がついたからといって、その支援方法が変わるわけではありません。否定的側面のみに眼がいって、その部分のみを矯正しようとすれば、子どもたちは自分への否定感を強めるだけでなく、さまざまな二次症状を引き起こし集団生活を難しくさせてしまうのです。子どもたちの肯定面を評価し、そこを伸ばすしか指導法はないのです。

発達障害というだけで、身構えてしまう大人たちは少なくありません。現に私が関わっていた通信制高校でも、発達障害の生徒が転校してくるというだけで、キャンパス中に緊張感が走りました。しかし、実際に転校してきた生徒は、人なつっこく、誰にでも話しかける語学の天才でした。黙々と絵を描く少女であったり、法律にとても詳しい青年であったりと、尊敬に値する生徒たちでした。〝障害〟という呼称が、先入観や偏見で人を縛り上げてしまうのです。

そこで私は、発達障害と診断された子どもたち、及びそれと一部重なる気質を持つ周辺の子どもたちを含めて、素晴らしい才能をもつ〝スペシャルタレント〟と呼び、その特徴的な気質に尊敬を込めて、〝ST気質〟と呼ぶことにしたのです。それは、子どもたちを否定面から見るのではなく、180度視点を変えて肯定面をサポートしようという、強い決意を込めた呼称でもあるのです。北風ではなく、太陽こそが子どもたちの才能を花開かせると確信しています。

そして私は、ST気質の持ち主が複数存在する家族を〝ST家族〟と呼んでいます。ST気質の特質ゆえに、うつを始めとする病理に巻き込まれやすく、最も危機をはらんだ家族と考えています。

ＳＴ気質は強く出ているほど〝生きづらさ〟を抱えやすくなりますが、はっきりと〝ここからここまでがＳＴ気質〟とは断定しづらく、多くの人がグレーゾーンにいます。

今、「人間関係が辛い」「人とうまく合わせられない」「自分は空気が読めない」と考えている人たちは、ＳＴ気質をはらんでいる可能性が高いと言えるでしょう。これらの人たちが今の社会で本当の幸せを手に入れるのは、並大抵のことではありません。

しかし、私がこの本で提唱する〝切り替える力〟をほんのちょっぴりでも強めることができれば、必ず笑顔を取り戻すことができるはずです。

実を言うと私もＳＴ気質。若い頃は人との関係で悩み、自分の思ったとおりにいかない日々にいつも苛立ちを感じていたものです。

第2章

気持ちを切り替える

（レジリエンスの中級編）

第1章を読んだあなたは、言葉を切り替えることに意識して取り組めるようになったと思います。それだけでも大きな前進ですが、「もっと気持ちの切り替えがうまくなりたい」「落ち込まない自分をめざしたい」と願う皆さんは、この章でさらに切り替える力（中級編）にチャレンジしてみてください。

切り替える力で気分はリフレッシュ

1 自分の気持ちにフォーカシングする

昔から「病は気から」とはいいますが、私たちの「気持ち」を左右してる〝気〟とは、いったい何でしょうか。〝気〟そのものは残念ながら眼で見ることはできません。しかし、気持ちの変化は感じることができます。気が満ちると元気になり、気が滅入ると病気を引き起こす…ということは、気の傾きをうまくコントロールできる力があれば、病気知らずで、幸せを手に入れることができるということになります。

自分の気が弱気に傾いたり、気が腐ったり、気に病むことが増えてきたら、その流れに早く気がつき、ストップをかけ、その流れを変える必要があります。

そのためには、第1章内でも少しお伝えしましたが、やはり自分の〝気（気持ち）〟を日々フォーカシングして（集中してその気持ちの変化を感じて）みることが大事です。

「先週に比べると、少し気分が重いかなあ」

「このところ、朝起きたときのすっきり度が今いちだ」

「会議続きで気分最悪！」

「家族と冷戦状態で、気力は下降一方」

「このところ仕事のミスが続いて、負のスパイラルにはまっちゃった」


このように、そのときどきの自分の気の状態にフォーカシングするくせを身につけると、気分の落ち込みを深くしたり、長期化させることを防ぐことができます。

自分の体調の変化は、自分でしか気づけません。生活が不規則だったり、自分の内面を見つめることが少なく、ここに鈍感になってしまうと、自分の不調に気づきづらく、重症化させやすくなってしまいます。毎日自分の状態としっかり向き合うことで、〝なんだか今日はいつもと違うな〞という感覚が身につきます。

今日はいつもより
身体が重いな
疲れているな…

その段階で自分の不調に気づくことができないと、お腹が痛くなったり、めまいがしたり、睡眠の質を低下させたりと、〝うつ〟の領域に足を踏み入れることになってしまうのです。そうならないためにも、なるべく規則正しい生活を送り、自分の変化に敏感になって欲しいと思います。

まずは、今の自分の気持ちをフォーカシングすることから始めて、次は自分の気の全体の動きをキャッチすることにチャレンジしてください。

一週間の気の動きをグラフ化したり、10段階で表わしたりすると、より全体像を把握しやすくなります。

❷ 負の気の動きにストップをかける

人は生きている以上、いつも明るく前向きな気持ちばかりではいられません。人間の脳は基本的にはネガティブにできており、過去のできごとにいつまでもこだわったり、これからの試練に不安が募り、雨雲のように広がるうつうつとした気分に支配されることもあるでしょう。

しかし、この気分をいつまでも放置しておけば、〝うつ的気分〟は強まり、ついには心身のバランスを崩して、日常生活に支障をきたすことにもなりかねません。自分の気の中に負の動きをキャッチしたら、その動きをまずはストップさせましょう。

これまで、多くのST気質の高校生に提案をし、取り組んでもらったことで効果があった具体的方法を紹介します。

【負の気持ちにストップをかける
～負の切り替え方法リスト～】

・「エイ！ヤッ！」と声に出して、身体の向きを変えたり、首を回したり、場所を移動する。
・「カット！カット！」と声に出し、両手の拳を強く握りしめ、その痛みに気を集中する。
・手首に輪ゴムかリストバンドをしておいて、「ストップ！」と言いながら、パチンと弾く。
・その場で、無心になって腹式呼吸を10回する。「1、2、3、4」と数えながら、口を閉じて鼻から吸いこみ、「5、6、7、8、9、10、11、12」と倍の時間をかけて、お腹が背中にくっつくぐらいまでゆっくり吐き切る。
・温かい飲みものを手のひらに包みこみ、「ああ、温まる！気持がいい！」と言いながらゆっくり飲み干す。
・「大丈夫！大丈夫！」と声に出して、少しあごを上げてみることで、身体をリラックスさせる。

・手の爪もみをする。薬指以外の爪の生え際を、逆の親指と人差し指の2本で挟みこんで、親指から順番に10秒ずつ少し痛いぐらいにもんでみると、副交感神経が刺激され落ちつくことができる。一日に2～3回集中して取り組むことが大事。

「特にリストバンドをしてストップ」などは、大きな効果がありました。

〝うつ〟など、気分が落ち込んでしまいやすい子どもの多くは、気持ちの切り替えがとても下手です。一気に自分の負の感情を拡大させてしまうのです。

「なぜ自分は母親から愛されないのだろうか」とか「なぜ母親は自分を捨てていったのだろう」とか、「なぜこんなに頑張っているのに母親は自分に優しい言葉をかけてくれないのだろうか」など。

そんなとき私はこんなふうに声をかけました。

「でもそういうときにそれ以上考えても、いい答えは見つからないよ。だから考えるのをいったんお休みしよう」と。

負の感情にどんどんはまってしまうと、自分は世界でただひとりの悲劇的な人間だと自分を追い込んだり、「こんな悲劇から私は抜け出せるのだろうか？」とどんどん弱気になったり、考えはマイナスになるばかりです。

ほんのちょっとでも、落ち込みを止める、歯止めがあるだけで、落ちるスピードがゆっくりになります。

落ち込みには、そういうアクティブな歯止めが欠かせません。


その歯止めのアクションは黙って行うのではなく、声に出すことが大切なのです。「カットカット、ここまで！」と声に出し、身体を動かすことで小さな変化が生まれるのです。

要は、自分の内なる五感力を意図的に刺激するのです。そして、一つのことにしか集中できない脳のシステムを最大限活用して、その刺激に気を集中すれば、負の気の広がりをストップできます。

3 "魔法のリスト"でプラスの気に切り替える

負（マイナス）の気の動きをキャッチし、その動きにストップをかけたら、次は正（プラス）に切り替えていくスキルが求められます。

自分のこれまでの人生の中で、これをやれば気分が落ち着く、不安を取り除くことができるという魔法の方法があれば、それを活用するのが一番です。

そのためには、自分の気を良くするための具体的なリスト作りをしておくことがおすすめです。

自分が本当に好きなこと、やりたいこと、癒されることを思い出して書き出して「魔法のリスト」を作ってみてください。

例えば

郵便はがき

料金受取人払郵便

麹町局承認

1521

差出し有効期間
2021年11月
21日まで
（切手不要）

1 0 2 8 7 9 0

216

東京都千代田区五番町10番地
JBTV五番町ビル2F
学びリンク㈱　編集部

『不登校・ニート・ひきこもりの家族に贈る
気《き》持ちを切《か》り替える力』係

フリガナ

お名前　（　　歳）（男・女）

お子様をお持ちの方　人数　　人／年齢

ご住所　〒

電話：　　ご職業：

E-mail：

ご購入方法：　1：書店　2：ネット　3：その他

～ 学びリンク　愛読者カード ～

この度は本書をお買い上げいただき、誠にありがとうございます。今後の参考にさせていただきたいと思いますので、よろしければ以下の質問にお答えいただき、該当するものに○印をお付けください。もれなく記念品を贈呈いたします。

1．本書を何でお知りになりましたか

A：書店の店頭で　B：知人に聞いて　C：本や雑誌の広告　D：新聞で

E：インターネット（サイト名：　　　　　　　　　　　　　　　　　）

F：講演会　G：その他（　　　　　　　　　　　　　　　　　　　　）

2．お買い求めの動機をお聞かせください

A：著者の他の本を読んで　B：タイトルに惹かれて

C：興味のあるテーマ、ジャンルだから　D：カバーデザインがよかった

E：その他（　　　　　　　　　　　　　　　　　　　　　　　　　　）

3．本書をお読みになったご感想など、ご自由にお書きください

4．森薫の講演会などの資料送付をご希望になりますか

A：はい　B：いいえ

5．お寄せいただいたご感想などをHP等に掲載してもよろしいですか

□ 実名で可　　□ 匿名なら可　　□ 不可

《ご協力ありがとうございました》

より多くの人の目に触れやすい、インターネット書店にも、ご意見・ご感想をお寄せいただけます。

総合評価など、よければそちらにもご投稿頂けますと幸いです。

・癒される音楽を聴く
・お気に入りのぬいぐるみや人形を抱きしめる
・ペットとたわむれる
・庭の草むしり
・花の水やり
・部屋の片づけ・模様替え
・ウォーキング
・気のおけない仲間とのおしゃべり
・好きなお酒を少しだけ飲む
・パソコンでチャットを楽しむ
・歌を口ずさむ

要は自分が〝楽しい〟これだったら〝幸せな気分になれる〟と思えるものをあらかじめ考えておくのです。

〝自分は気分の切り替えが上手ではない〟と思う人は、これからのために自分の気持ちをプラスに変えてくれる〝魔法のリスト〟を用意し、普段からどの方法が効果的か試しておくといいでしょう。前の項目であげた「負の切り替え方法リスト」も自分に合う方法を選び、オリジナルのリストにしておくと、いざというとき使いやすいですね。

ここで、1から3項目で紹介した方法の流れをおさらいしてみましょう。私が取り組んでいる切り替え方法の流れとしては次のようなものです。

①　自分の気持ちをフォーカシングして、負の気の動きをキャッチ
②　「ちょっと下降線なんだね」と、自分の状態を受け入れる
③　自分の中の〝負の気の切り替えリスト〟の中から、効果的なものを実行
④　〝魔法のリスト〟から何を選ぶか自分と作戦会議
⑤　すぐにできそうなものを実行に移してみる

そのときどきによって、効果的な方法は変わってくると思います。
もし一つやってみて、ダメなら、もう一度別の方法で試してみればいいのです。このさ

さやかなチャレンジで〝うつ的気分〟の拡大を防ぎ、自分の気持ちが少しでもプラスになれば言うことなしです。

一度成功すれば次にまた負の気に襲われることになっても、恐れることはありません。今度はどのやり方で切り替えようかなと、それを楽しむ余裕さえ生まれてきます。

私が気を良くする方法として、最も活用しているのが、庭先の草花との会話です。

「今年も忘れずに咲いてくれてありがとう」

「この鮮やかな色は、どうすれば出るんだろうねえ」

ときれいな花たちに声をかけ癒されています。

気持ちが負に傾きかけたときは、じっとせずに、少し気合を入れてわずかでも行動を起こすことが大切です。**負の動きを早めにキャッチし、ストップをかけ、そしてプラスの気に切り替える**、この流れを意識してみてください。

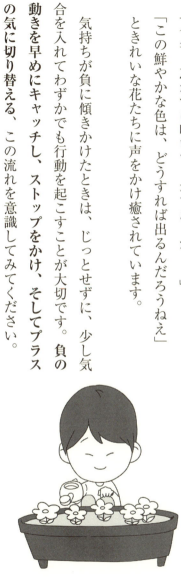

4 自分の肯定面を、日々引き出しの一番前に

人はイメージしたものに支配され、イメージしたものに近づこうと行動を開始します。それゆえに、イメージできたことは8割方実現するといわれるのです。

多くのアスリートたちは、自分が活躍できている成功イメージが浮かぶように日頃からプラスのイメージトレーニングに力を入れ、実際に輝かしい成果を上げています。

しかし、一般的に人は、初めてのことや新しいことにチャレンジする場合、不安や緊張からマイナスのイメージに支配されて、本来の力が発揮できず、その通りの結果に終ってしまうことが多いのではないでしょうか。

私はひと月に一度ほどゴルフを楽しんでいます。ストレス発散のために出かけたスポーツなのに、一度ミスをするとズルズルと引きずってしまい、かえってストレスをためこんで帰ることも…。

一度ミスをすると、またミスをするのではないかと不安になり、実際にミスが続くとイメージは悪化するばかりです。

どこかで「今のミスはたまたま起きたことで、自分の本来の姿ではない」「次はうまくできるはずだ」と、少し深呼吸して、イメージの切り替えをはからなければいけません。

私は成功イメージを強化するために、「大丈夫！」と声に出すことにしています。この〝大丈夫〟という言葉が脳に届くことで、脳内伝達物質であるセロトニンが脳内に分泌し、心が安定し、笑顔も生まれます。

なにか失敗してしまったとき、うまくいかなかったとき、気持ちはどんどん暗い方に行きがちですが、意識していいことを思い出してみてください。

例えば

・初めての人に会って、すぐに仲良くなれたこと
・人間関係の悩みを友達に相談しながら解決できたこと
・面接で、自分をしっかりアピールできたこと

・苦手だと思っていた先輩や上司に成果を認められたこと
・プロジェクトを任され成功させたこと
・受験勉強を頑張り、成功させたこと
・外国旅行に一人で参加し、大いに楽しめたこと

「大丈夫！今度もうまくいく！」

自分の否定面ではなく肯定面を、日々引き出しの一番前に入れておくのです。

人間まったく落ち込まないなんてことは、無理です。
だからまずはちょっと落ち込みましょう。
その代わり長く続かないように、落ち込みの工夫をしてみることが大切なのです。

「しょうがないよね」

「頑張ってこういう結果ならしょうがない」

「現実をみるしかない」

と、何度も言うようですが切り替えが本当に大事なんです。

普段から切り替え力を鍛えて、自分なりのオリジナルなやり方を実践できるのは、幸せな人生を送るための大きな財産です。

今悩んでいるあなたは必ずこれまでの人生で、「素晴らしい自分」「頑張った自分」「優しかった自分」「上手くできた自分」を持っています。

思い出のアルバムを開いてみてください。

大丈夫、これからもきっとうまくいきますよ。

5 幸せを欲張らない！ 7割主義

毎日を精いっぱい生きていても、ほめてもらえない、認めてもらえない、話を聴いてもらえないなどの〝もらえない症候群〟に陥ったり、自分の生き方に自信が持てず、ときには自分だけが世の中から取り残されているのではないかと落ち込んだり、常に心は揺れます。

そんなときは、自分で作った幸せ尺度で自分の幸せ度を確認し、前向きな気持ちを取り戻すことにしています。

私の幸せ尺度は、次のようなものです。

- 夜、ぐっすり眠れる―快眠―
- 食事をおいしく食べられる―快食―
- 毎日、すっきりと便が出る―快便―
- 足腰の痛みもなく歩くことができる―快歩―
- いつも通り家事がこなせる
- 自分のことをわかってくれる家族がいる

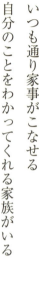

- 自分の話を聴いてくれる仲間がいる
- まだ、やるべき仕事がある
- 趣味を楽しめる
- まだ、原稿を書くことができる

この幸せ尺度で、７個以上がＯＫであれば100点満点、５個以上で70点、３個以上で50点、一つでもあれば30点と評価します。

幸せを欲張らないことです。

７割もあれば最高です。私は、幸せになるための７割主義と呼んでいます。

幸せ不感症にならないために、あなたオリジナルの幸せ尺度を作って、気持ちが負の方に傾いたり揺れ動くときには、折りに触れ、幸せ度を確認してはいかがでしょうか。そうすれば、揺れる気持ちも治まり、I am OK（私は素晴らしい！）の気持ちがさらに高まります。

6 北風から太陽へと視点を切り替える

同じ事実であっても、その人の視点によってその評価は大きく違ってきます。

そしてその評価の違いは、人を生かしもするし、殺しもするのです。

私は、発達に凸凹のある子どもたちをST（スペシャルタレント）の子どもと呼んで、そのサポートに力を注いできました。これらの子どもたちは、五感力が豊かで天才的とも呼ぶべき才能を持っている一方で、人に合わせることが苦手で、相補的なコミュニケーションに弱さがあります。

集団生活に適応できない困った子どもとして否定的評価を

受けると、どんどん自信をなくし、自分の居場所を失って不登校につながることも少なくありません。

しかし、感性にあふれたクリエイティブな存在として肯定的評価を受けると、その才能は輝き、芸術・医学・科学・スポーツ分野などですばらしい成功を収めることができるのです。

自分の足りないところに視点が当てられ、もっともっと、その弱さの克服を強く求められ続けたら、苦しくて生きることが辛くなってしまうでしょう。逆に、相手が自分のいいところに視点を当てて温かく見守ってくれれば、自信を持って生きることができます。得意分野が伸びれば、足りないところを克服するエネルギーも湧いてくるのではないでしょうか。この得意を伸ばすことで苦手分野の底上げをめざすアプローチの仕方を、リハビリの分野ではクロスエデュケーションと呼ぶそうですが、人を育てる分野でも広く応用できそうです。

私の孫の一人も決して人間関係は上手ではありません。苦手な教科もたくさんあって、小学校の低学年の時期は学校生活が楽しそうではありませんでした。

運動能力の面でも、運動音痴とも呼ぶべきレベルに見えました。しかし、あるとき家の近くで一心不乱に一輪車に挑戦し続ける姿を見て、胸を打たれたのです。

仲間たちが一、二度のチャレンジで成功させることができるスキルを、その必死さと没頭力で補いつつ、転んでも転んでも立ち上がり、擦り傷だらけになりながらもついには乗りこなせるようになったのです。そのときの達成感に満ちた笑顔を忘れることができません。

その後は家族一同で、彼女の自分のペースで最後までやりきる力を最大限評価してきました。そのおかげで、勉強も運動も人間関係も弱さはありますが、音楽にだけは自信を持ち、ピアノやビオラを人前で演奏できるようになり、笑顔で中学生活を送っています。

私も応援団長として、孫の素質（リソース）に目を向けて、今後も得意分野を伸ばすためのコンプリメントを続けていきたいと思っています。

こちらがネガティブな視点で見れば、相手もネガティブの倍返しで対応してきます。ゆえにストレスがたまる関係が生まれるのです。相手を肯定的に見る温かな視点に切り替えれば、相手に笑顔が生まれます。そして、その笑顔によって、こちらも幸せな気分になれるのです。北風ではなく温かな太陽をめざしましょう。

7 否定面の肯定面を見つける

これまで述べてきたのは、「**否定的視点**」を「**肯定的視点**」**に切り替える**というスキルでした。これらは意識して取り組めばそんなに難しいことではないかも知れません。

しかし、視点の切り替えにはもう一つ大事な方法があり、これは簡単ではありません。

それは、〝**否定面の肯定面**〟**を見るスキル**です。

〝否定面の肯定面〟って、何が何だかわかりませんよね。

もっとわかりやすく説明します。**否定的に見えるできごとの中に、肯定面を見つけ出す**ということなんです。

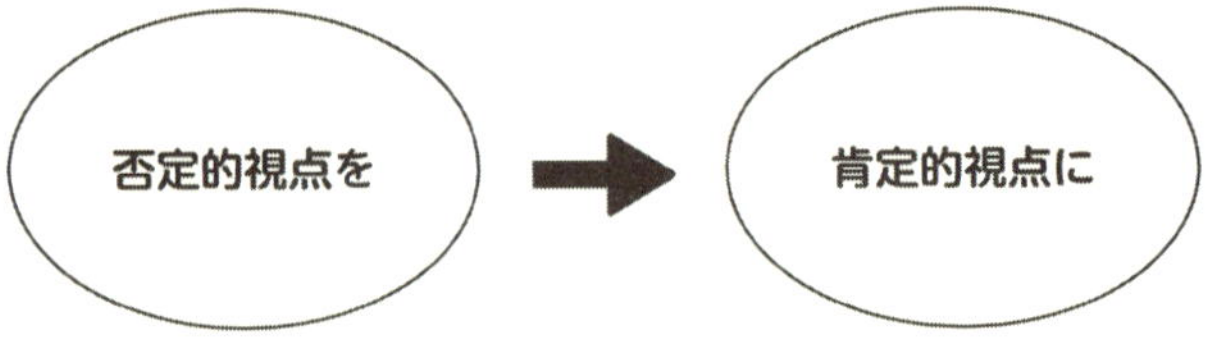

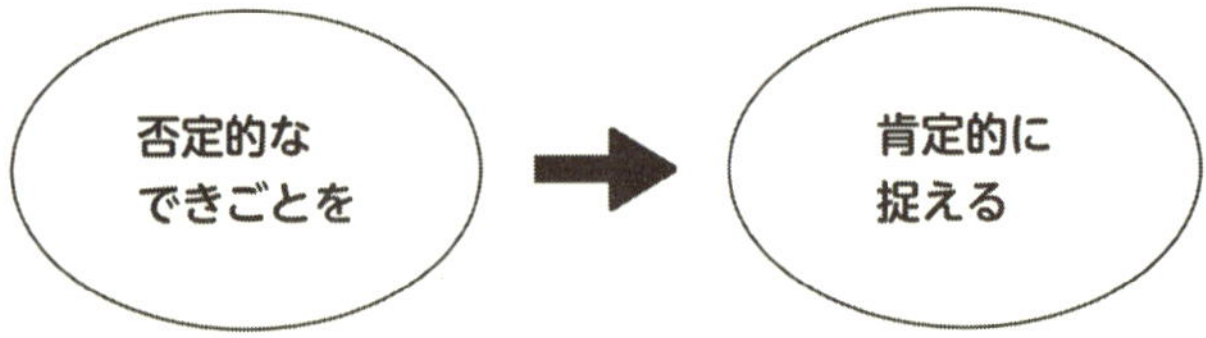

例えば、子どもが不登校になり昼夜逆転の生活が始まり、ゲームびたりの毎日になったりします。確かに親からすると、受容できるものではありません。「このままゲーム依存が続いたら、ずっとひきこもりから抜け出せないのではないか」「運動不足で健康を害してしまうのではないだろうか」などと、否定的感情が高まります。そして我慢できずに「いいかげんにしたら」とか「ゲームばかりしているから、朝が起きれないのだ」と否定的メッセージを発信してしまうことになります。

ここでの否定面の肯定面とはなんでしょうか。

考えても見てください、一晩中ゲームに没頭できるということは、それだけ集中力を継続で

きるということであり素晴らしい資源なのです。ゲーム以外に興味関心のあるものが見つかれば、今度はそのことに集中して取り組めるでしょう。未来に明るい希望が開けます。

そうです。そんな不安な顔をしないで、この肯定面を信じて思いっきりゲームに没頭させればいいのです。

私のカウンセリングでも、親がゲーム悪論から、ゲームを含めて自分のあるがままを受け入れる立場に変わったと感じたとき、心身のエネルギーは回復し始めたと語ってくれる若者にたくさん出会いました。そして、「今あるのはゲームのおかげ」というゲームに対する感謝の言葉が忘れられません。

長年不登校生を支援してきた立場としてお話ししますと、ひきこもり状態にある子どもにとって、ゲームは、〝親の期待に答えられない〟という自責感情や未来への不安な気持ちなどを、一時的に忘れさせてくれるなんともありがたい存在です。家族よりも大事な自分の分身とも呼ぶべき存在なのです。

その存在を否定されることは、ひきこもり生活の中でなんとかゲームを友として生命《いのち》をつないでいる自分に対して冷水を浴びせるものとして、改めて家族との心の溝を感じたとしてもおかしくはありません。

不登校でひきこもって毎日ゲームびたりになっている子どもでも、親が否定的に絶望することなく、その中に肯定面を見つけ出そうとする視線があれば、子どもたちはその温かな視線を感じ必ず大きな変化を見せ始めます。

一見どんなに否定的に見えることでも、その内側に必ず肯定面が存在します。

その肯定面からアプローチすれば、相手も受け入れやすく、人間関係も改善することができます。

また、思春期ともなると自我がめざめ、親に対しても反抗的な態度を示します。言葉もきつく攻撃的です。確かに表面的には親にとっては否定的なできごとに違いありません。しかしこれは、子どもが着実に成長している証であり、親に対して少々ぶつかっていっても大丈夫だという信頼感があってできることなのです。むしろ、子育てがうまくいった結果なのだと自信を持ってください。そんな肯定面に気づくことができたら、子どもの反抗期を楽しむこともできるでしょう。子どもの思春期は、親を一人前に育てさせてくれる、やっかいだけれど幸せな時代なのではないでしょうか。

8 ストレッサーから逃げるが勝ち

ここまでいろいろな〝切り替える力〟をご紹介してきましたが、そうは言っても何事も前向きになれないときもあるでしょう。どんなに気持ちの切り替えスキルを動員しても負のスパイラルから抜け出すことができず、闇の中に閉じ込められてしまうときも、もちろんあります。

そういったときはやはり、〝逃げる〟ことが大切です。

ストレスの根源となるものは、ストレッサーと呼ばれています。それは、過酷な仕事であったり、気を使う人間関係であったり、気持ちのすれ違っている家族の存在であったりします。また、騒音や日照の不足など、物理的環境がストレッサーになることもあるでしょう。

このようなストレッサーと向き合う時間が長ければ長いほど、ストレスは蓄積され、心身の不調をもたらします。ストレッサーを除去できれば言うことはありませんが、その除去のために、莫大な費用や労力を必要とする場合も少なくありません。

〝戦うよりも逃げるが勝ち〟という故事がある通り、ストレスをためて身体をこわさないための一番の方法は、ストレッサーとの距離を取ることです。一気に逃げ出せれば最適ですが、逃げ出すことが難しければ、できるだけ距離を取りましょう。

仕事があまりにも過酷であり、要求されるものが自分の能力をはるかに越えている場合や、職場でいじめを受けているような場合は、仕事を替えることを第一に考えましょう。

子どもが、学校での友達関係がうまくいかず不登校になってしまったときも、無理矢理学校に戻すことを考えるのではなく、子どものニーズに合った新しい学びの場を探しましょう。ママ友たちがストレッサーならママ友との交流に参加しないことです。家族がストレッサーの場合はどうするか？

夫婦の場合は離婚や別居も可能ですが、ストレッサーが子どもの場合が一番やっかいです。親子であっても、お互いに肯定的な面を探し合うなどの努力なしには波長が噛み合わず、顔を見るのも同じ空気を吸うのも嫌という状態に追い込まれかねません。

そこで

・子どもをときどき、家族や知り合いの家に預ける
・寮のある学校に入れる
・海外留学をさせる
・母親が週末を実家で過ごす
・ときどき、ママ友や知人の家に泊めてもらう
・仕事を増やして、できるだけ顔を合わせないようにする

などなど。

子どもの思春期の時期をこうしてやり過ごすことがあってもいいと思います。世間体ばかり考えていると、家族全体が病理に見舞われて、思わぬ悲劇を生み出してしまうことにもなりかねません。

自分がストレスに弱いタイプだと思う人は、自分の気持ちのありようを、あるがままに認め、自分の気持ちに正直に行動しましょう。

9 開き直る

そして最終手段は〝開き直る〟ということです。

「生命《いのち》まで奪われはしない。今は生命さえあればいい！」

と、開き直ってみてください。

そして、

「神様、仏様は、越えられない試練はお与えにならないはずだから、必ず越えられる日が来る！」

「明けない夜はない！」

「もうこれ以上落ちることはない。今がきっと底だから、あとは上がるだけだ！」

と、呪文のように唱え続けてください。

「矢でも、鉄砲でも持ってこい！」

そう叫ぶほど、開き直るのもいいかも知れません。

もし、今日一日生命があったのなら、それこそ「ありがたい！」と感謝しましょう。生命さえあれば、あとはまたできるところから、一つでも二つでも、今まで紹介した切り替えスキルを試してみてください。

〝小さな変化は大きな変化を生み出す〟

自分を信じましょう。

コラム❷ 腎がんの告知

歳を重ねて自分の気質のこともわかり、「やっと切り替える力が身についてきたか」と思い始めていた矢先の今から二年半ほど前に私も〝うつ的気分〟に支配され、〝うつ病〟一歩手前まで落ち込んだことがあるのです…。

その理由は、突然に腎がんであることを告知されたからです。左腎臓に5㎝大のがんが発見され、それまで何の症状もなかったこともあって、そのショックは計り知れないほど大きなものでした。

そのときは頭が真っ白になり、どのようにして家に帰ったのか記憶がありません。その夜から急性ストレス障害の症状が次々に襲ってきました。胃の入り口がきゅっと締まり、食べものを受けつけなくなり、頭がピーンと張りつめて朝方まで眠ることができないのです。

死の不安が次々と襲い掛かり、血圧をはじめとする自律神経も失調し始めたのです。

そして、酒もたばこもやらない自分がなぜ！という思いに支配され、自分以外のすべての人が幸せそうに思え、自分だけが不幸を背負わされているという負のスパイラルにはまり込みそうになりました。まさに危機的状況です。

〝うつ的気分〟は周囲に伝染し、周囲を〝うつ〟の渦に巻き込みます。それだけは絶対に避けなければなりませんでした。それは、妻がやはり、がんで闘病中だったからです。

私は、自力でこの負のスパイラルから抜け出すために全力をあげました。苦戦する家族の支援をしている自分が、自らの負のスパイラルを切り替えることができないのでは、苦戦する家族に〝うつ〟を跳ね返すアドバイスなどできはしないと思ったからです。今まで体験し、蓄えてきた切り替える力のすべてを動員して、一日でも早くこのショックから立ち直るべく一歩を踏み出すことにしました。

まず、笑うことから始めました。

嘘でも笑えば、脳は私が喜んでいると勘違いをして、ハッピーホルモンであるセロトニンを分泌させるということを知人から教わったからです。それからは、朝起きては鏡の前で笑い、夜はお風呂の中で笑い、仕事の行き帰りは携帯で話しながら笑っているという演技をしつつ、ひたすら笑うことに力を入れました。

この取り組みは、セロトニンの分泌だけでなく、予想以上の効果を生み出してくれたのです。

ひたすら笑うことに集中することで、頭の中は一瞬からっぽになります。不安や悲しみなどの否定的な思考を一時忘れることができるのです。有効な思考の一時停止活動と言えるでしょう。

特急列車にように一直線で低下するマイナス思考を、各駅停車にすることで、落ち込みの幅をぐっと小さなものにすることができたのです。

このことで、まずは守りを固めることができたと実感できました。次は反撃です。この本で紹介している私流の切り替えの方法を、手当たり次第実践してみることにしました。

そのおかげで、私は1か月後には負のスパイラルから抜け出すことができたのです。

今、がんと共存しています。自分の中にある自然治癒力を高める道を選択し、がんを告知される前と比べて、体調ははるかに順調です。ここに生命《いのち》があることに心から感謝しつつ、一日一日を前向きに生きています。おかげで人様から「どうしてそんなに明るく前向きなのですか？」と言われることが増えてきました。

負の気分が強まる前に〝切り替える力（レジリエンス）〟があれば、自分だけでなく、家族や周囲を〝うつ的気分〟に巻き込むことはありません。

第3章

行動を切り替える

（レジリエンスの実践編）

第3章では、毎日ほんの少し意識すれば実践できる〝行動の切り替え〟方法を紹介します。

行動が変われば、感じるもの、見えるもの、味わうもの、聞こえてくるもの、触れるもの、すべてが変ってきます。小さな変化こそが、最終的にあなたの運命を変えるのです。

1 朝のスタートを切り替える

行動の切り替えには、やはり一日の始まりである〝朝〟が大切です。

私は、朝起きるとすぐにコップ一杯の白湯を飲んだあと、コードレスクリーナーを使って家の中を掃除します。軽いので全く苦になりません。居間、台所、洗面所、廊下、階段、寝室の順に、毎日同じルーティンで行います。時間はわずか5分ほどでしょうか。無心に掃除するうちに、自分の身体が生き生きと動き始め、隅々まできれいになることで、気持ちが浄化されていくのがわかります。毎朝続けるには、この5分ほどというのがちょうどいい時間だと思います。朝のせわしない時間に10分も取られるのは、負担感が強まりますよね。

「日々の疲れでそれどころではない」「少しでも朝寝がしたい」と言わないで、5分早く起きてチャレンジしてみてください。きっと体調も良くなりますよ。

他にも、朝のスタートを切り替える方法はたくさんあると思います。

庭の花の水やり、ウォーキング、ラジオ体操、ストレッチ、弁当づくりなど、今までよりちょっと身体に負荷をかけ、新しいことにチャレンジできたことをコンプリメントしてあげてください。

「新しいことにチャレンジできて、えらい！」
「自分で自分を変えられるんだね！すごい！」

大事なことは〝無理〟〝これはできない〟と感じていたことがほんのちょっぴりでもできるようになることです。

2 お陽さまと仲良くする

私は、九州の貧しい農家の二男坊として生まれ、朝から晩までひたすら誠実に働く父の姿を見て育ちました。

朝は、父が朝日に向って柏手《かしわで》を打つ音で目覚めるのが常でした。父にとって朝の最大の日課は、お陽さまに柏手を打ち拝礼することだったのです。

「地球上の一木一草にいたるまで、お陽さまの恵みによって生命《いのち》を育んでいる。そしてその生命をいただいて人は生きている。ゆえに、人間の生命の大元はお陽さまなんだ」との、父の声が今でも聞こえてくるようです。

都会に出て忙しさにかまけて、永い間朝日を拝むことも、お陽さまに感謝することも忘れていました。しかし、体調を壊し仕事の第一線を離れると、お陽さまのありがたみを深く感じるようになったのです。

お陽さまの陽ざしを浴びるだけで、生かされていることの幸せを感じ涙が出そうでした。きっと、幸せホルモンのセロトニンが分泌したのでしょう。私の体調は、お陽さまとの出会いを増やしたことで、その恵みを受けてどんどん改善していきました。

不登校になり昼夜逆転している子どもたちにとって、その生活から抜け出すためには、セロトニンの力が欠かせません。ハッピーホルモンとも呼ばれ、ドーパミン・ノルアドレナリンと並び三大神経伝達物質の一つであるこのセロトニンは、お陽さまの陽ざしを浴びることで、分泌がうながされるのです。

セロトニンは、不安を解消し気持ちを安定させるとともに、メラトニンと呼ばれる睡眠ホルモンの分泌をうながします。このメラトニンが陽ざしを浴びてから15〜16時間後に、私たちを眠りに誘ってくれるのです。

このセロトニンを活性化するためには、朝、窓を開けて陽ざしを浴びなければなりません。カーテンを開けるだけでも効果はあります。

昼夜逆転の生活は、起立性調節障害などによる体内時計の乱れとともに、「昼起きていたくない」という子どもたちの心理が背景にありますので、家族が不登校を受け入れて、昼起きていても罪の意識にさいなまれないですむという環境を整えてあげる必要があります。家庭が安心して心身を休められる居場所となり得たときには、昼夜逆転を解消することはそんなに難しいことでありません。

お陽さまの陽ざしを少しずつ浴びるようにしていけば、必ず体内時計の狂いは治っていきます。そうすれば、セロトニンとともにドーパミンやノルアドレナリンも分泌しはじめ気力が湧いてきます。お陽さまが生きる力を与えてくれるのです。

不安になったとき、気持ちが落ち込んだときには外に出ましょう。仕事先でも、昼休みは少しの時間でもいいから外に出ましょう。屋上で背伸びするだけでもいいのです。

お陽さまと触れ合う時間が多ければ多いほど、お陽さまの恵みをいただいて、心身共に健康になれますよ。

お陽さまの陽ざしは、〝うつ〟の最大の予防薬。

3 呼吸を切り替える

不安にかられ気持ちが不安定になると、肺呼吸が中心となって、呼吸は早くて浅いものになります。そのために、新鮮な酸素の取り込みが少なくなり、疲れやすくなるのです。

それを防ぐには、呼吸を整える調息《ちょうそく》を取り入れて、呼吸法の切り替えをはかる必要があります。気功の世界での調息とは、腹式呼吸で呼吸を安定させ、気持ちの安定をはかることと最近、気功教室に通う妻より教えてもらいました。

最初は、身体中の二酸化炭素をすべて吐き出すように、ゆっくりと口から吐き出し続けます。お腹が背中にくっつくぐらいまで続けましょう。そして、今度は口を閉じ、鼻からゆっくり酸素を吸いこみます。下腹が大きくふくらむまで続けてください。何も考えず、このことに集中することが大切です。

これが腹式呼吸です。10回ぐらい繰り返すと気持ちが落ち着き安定してきます。不安にかられたときには、いつでもどこでもやってみてください。

この呼吸法を身につけるためのトレーニングの場としては、朝、目覚めたあとの布団の上がベストです。布団の上に寝たままの姿勢で、毎朝取り組んでみてください。一日をすっきりとした気分でスタートできます。

夜、寝る前に取り組むとぐっすり眠れるようになります。昼休み、休憩時間にも取り入れてください。こうして意識していくと、日常生活においても、口呼吸から鼻での呼吸へと切り替えができ、体内への酸素量の供給が増え、疲れやすい身体から疲れにくい身体へと切り替っていきます。

ストレスに強い身体ができあがっていくのです。

腹式呼吸恐るべし！

4 食べるものを切り替える

私は腎臓が弱いにもかかわらず、味つけの濃いものや油で揚げたもの、さらには肉料理が大好きでした。今思えば、食生活に偏りがあったのです。一時期体重は75kgを越え完全なメタボ状態でした。そのために、降圧剤をはじめとして幾種類もの薬が手放せなくなったのです。

そこに腎がんの告知です。それをきっかけに、思い切って食生活を玄米と野菜を中心としたものに大きく切り替えました。

塩分・糖分の摂取量も大幅に抑えることにしました。これは、妻の協力なしにはできないことで、心から感謝しています。この食べるものを切り替えたことによって、みるみる体重は減っていきました。3か月で5kg、半年で10kg、2年で15kgもの減量に成功したのです。

玄米も野菜もできるだけ無農薬にこだわり、ほとんど味つけせずに素材のおいしさを楽しむことを心がけました。そうすると、一口一口しっかり噛みしめるようになり、野菜たちの生命《いのち》をいただいているという感謝の気持ちが湧いてくるのです。幼い頃父親に教えられた「一木一草にも生命が宿っている」ということが実感できるようになりました。おかげさまで、あれほど主食のように飲んでいた多くの薬が一つずつ減っていき、今では一切飲まなくてすむようになったのです。

体重は75kgが59kgに、血圧も20以上下がり、体脂肪率は3分の1に減らすことができ、アスリートなみの数値になりました。

薬から解放されて、いかにお医者さんの薬に依存していたかということに気がつきました。食は生命の大元であり、太陽の恵みである野菜は最高の天然薬なのです。

自分の健康をお医者さん任せにせず、自立して自分の生命を守る方法に気づくことができたことは幸せでした。自分で自分の健康を取り戻すことができたことは、大きな自信となり〝うつ的気分〟を一掃することができました。行動がアクティブになり、新たな仕事に立ち向かう前向きな気持ちが湧いてきたのです。この本の執筆もそのおかげです。

確かに私の場合は、60才を過ぎて時間的にも余裕があるためにできたことかも知れません。しかし、自分のやり方で、ちょっと塩分を控え目にする、野菜を素材のまま食べる、油を変えてみるなど、何か少しでも切り替えてみると、小さな変化が生まれてくると思います。

さらに、食生活の切り替えと、歩き方の切り替えがセットになると、大きな変化につながります。

薬いらずの身体にするための、〝まごわやさしいこ〟も紹介します。

ま…豆類

ご…ゴマ

わ…わかめ

や…野菜

さ…魚

し…しいたけ

こ…酵素

腎がんになったおかげで食べ物の切り替えが進み、バランスの良い食事を心がけています。しかしそれでも、これがあれば幸せという食べ物があります。

その中でも一番は里芋の煮っ転がしです。薄味の里芋が舌先でとろけるときの食感が「ああ、幸せ！」とつい口に出してしまうほどの幸福感をもたらせてくれるのです。この里芋の煮っ転がしで何度も救われたような気がしています。

うつ的気分のときには、好きなものを食べて、「幸せ！」と口に出してみるのが一番ではないでしょうか。

私もかつてはコーヒーと抹茶ケーキのセットが大好物でした。講演が終わったあとや、ちょっと気持ちが落ち気味のときは、必ずこのセットを自分のごほうびにしました。こだわりの強い性格のためか、他のケーキではダメなのです。

こだわりの強いST気質の人にとって、たとえ偏食であってもこれを食べると元気になるという食べものがあるのは、〝うつ〟を予防するのに、大いに役に立つと思います。

5 歩き方を切り替える

歩き方を切り替えるだけで心の不調は改善します。なぜなら〝うつ〟を防ぐセロトニンは、陽ざしを浴びたときと、ウォーキングのときに分泌するからです。陽ざしを浴びてのウォーキングなら〝うつ〟を防ぐ最強のタッグだと言えるでしょう。

家族と一緒にウォーキングに出かけるのもいいかもしれません。ある不登校の親子は、朝ウォーキングに行く中で少しずつ会話を広げ、お互いの気持ちをポツポツと話していきました。

ウォーキング中は対面ではないために、いつもより話がしやすいのです。

親子で一緒に歩きながら、四季折々の草花に声をかけてあげるのはどうでしょうか。一木一草にいたるまで、与えられた場所で精一杯根を張って、自分なりの生命を表現していることが実感できるでしょう。

ウォーキングすることで、視覚・聴覚・嗅覚・触覚などの五感が刺激され、セロトニンが分泌します。うつ的な気分のときには、五感を刺激することがとても有効なのです。

また身体の健康のためにも歩くことはおすすめです。

私も数年前まで、今より15kg以上も体重があり、家の近くに坂道が多いこともあって歩くことが苦痛でした。そのために、どこに行くのも車を利用していたものです。

歩かないから余計に体重は増え、だから歩きたくなくなるという悪循環。

がん告知以降危機感を感じて、食事を玄米中心のヘルシーなものに切り替えると同時に、歩き方を切り替え、60センチ程度だった歩幅を70センチに近い歩幅へとチャレンジしました。意識して取り組まないと身体は楽な方に流れますから、最初は必死でした。駅でのエレベーター、エスカレーターは一切使わないようにし、一駅余分に歩くことにもチャレンジしました。

食生活の改善と歩き方を変えたことで、体脂肪が何と3分の1に減り、内臓脂肪も半分に低下したのです。腰回りに、15kgもの砂袋を巻きつけて生活していたのでは、疲れもたまり内臓たちも悲鳴をあげるはずです。膝の痛みも当然のことだったと言えるでしょう。

歩くことが苦痛から楽しみに変ったことで、ますますスッキリした体型になり、背筋もシャンと伸びてきたので、街角のショーウィンドウに映る自分に、〝素敵だよ〟とコンプリメントしてあげたくなりました。

6 身体を温める

体温の低い人は〝うつ〟になりやすいと言われています。わが国でも、気温の低い東北地方の秋田・青森・山形は、自殺率が高いことで知られています。

気温が低い地域は、当然身体も冷えますし、特に冬場のどんよりと雲が垂れ込めた天気では、晴れ晴れとした気分にはなれないでしょう。体温が1度下がると、免疫力は30％低下すると言われています。

50年前には、体温が35度台の子どもはいなかったのに、今では大半の子どもが35度台に落ちているのです。当然インフルエンザにもかかりやすくなるし、慢性疲労症候群も増え、自殺も増え続けています。

身体が冷えると、身体は交感神経優位となり、緊張が強まってストレスがかかります。逆に温まると、副交感神経が優位となり、身体はリラックスします。だから、食事で身体が温まったり、寒い戸外から暖房の効いた部屋に入ったり、こたつに入って温まると、気持ちが良くなり眠くなってしまうのです。

私は今、身体を温め、体温を36.5度以上に保つ〝温熱療法〟に取り組んでいます。そのいくつかを紹介します。

まず、毎日欠かさずお風呂に入り湯舟につかること。

一番身体が温まるのが腰湯という方法です。41度のお湯に、最初5分ほど首まで深くつかり、その後は10分ほど腰湯をするというやり方ですすめていきます。そのうちに額に汗が浮かんできます。身体の芯まで温まり、身体のリラックス効果は抜群です。

次はタオルによる温熱です。少し厚手のタオルを用意してください。このタオルをぬらして軽く絞り、電子レンジ（600ワット）で1分から1分半程度、熱くなるまで加熱します。これを腰の仙骨の部分に5分ほど当ててください。やけどしない程度に身体を温めると、5分ほどでタオルは冷えてきます。

1回の温熱効果は約8時間なので、本当は1日3回やればいいのですが、朝と終寝前の2回でもいいと思います。要は続けることが大事です。

あとは、冷たい飲みものを口にしなくなりました。保温水筒を持ち歩き、夏でも常温か温かいお茶にしています。以前は、朝起き抜けに冷たい水を飲んでいましたが、体温の低い朝方に冷たいものを体内に取りこむのは、体温をさらに下げてしまうということで、今は白湯にしています。

家での朝食・夕食の後には、しょうが湯を必ず飲んでいます。しょうがは身体を温める作用があるといわれていますので、できるだけ料理にも使うように心がけています。

冬場には、カイロやネックウォーマー、レッグウォーマーなども必須アイテムです。

他には、身体をジワジワ温めてくれる陶板浴、温灸なども活用しています。

おかげさまで、体温は36度台後半を維持することができ、ネガティブな思考に陥ることはほとんどなくなりました。

シャワーだけでは身体は温まりません。お風呂に入って温まるだけで嫌な気分を忘れることができます。お風呂の効果は絶大です。

7 医者を選ぶ

ちょっと体調を崩して医者にかかると、びっくりするほどの薬が処方されます。特に〝うつ〟をはじめとする精神疾患で受診すると、精神安定剤、睡眠導入剤、抗うつ剤、胃の荒れを抑える薬など大量に処方されるのです。そして、どれがどのように作用し、副作用があるのかもわからずに飲み続けることになり、薬への依存が生まれるのです。

病気を治すのは基本的には本人自身です。自分がなぜこのような状態に陥ったのか、どうすればこの状態から抜け出せるのかわからないのでは、お医者さんの下請けになってしまい、治療の主人公にはなれません。

不安をなくすために治療を受けるのに、こんなに薬を飲んで大丈夫だろうか、副作用は大丈夫だろうかと、不安を強めるのでは意味がありません。

医者の良し悪しは、患者のどんな質問にも嫌な顔をせず答えてくれるかどうかで決まるのではないでしょうか。質問がしにくいと感じたら、すぐに医者を替えましょう。不信と不安を感じたお医者さんと我慢しておつき合いしてもいいことは一つもありません。患者の苦悩に共感し、寄り添ってくれる医者を探しましょう。

〝抑うつ状態〟・〝うつ病〟と診断された場合、薬物による治療も必要ですが、一番必要なのはカウンセリングなのです。患者の話を聴こうとせず、3分間診療で薬のみ処方する医者にかかっても、お金と時間の無駄です。

カウンセリングを重視してくれる医者が見つかるまで、セカンドオピニオン、サードオピニオンを実行し続けてください。

医者の言いなりになるのはやめましょう。〝うつ病〟であれ、他の病気であれ、治療の主人公は私たち自身です。

8 つき合う人を切り替える

ママ友たちと嫌々つき合い、ストレスをためている人たちをたくさん見てきました。また学校時代の仲間たちの強引な誘いを疎ましく感じながらもズルズルとつき合い、そのたびに疲れ果ててしまう人もいます。同年代ないしは同級生との関係は、お互いにわかり合える部分もありますが、一方で負けたくないライバル的存在であり、一番やっかいで一番気を使う存在だと言えます。

不登校の子どもたちも同級生との関係で神経をすり減らしています。不登校の子どもたちの多くがＳＴ気質を内包しており、相手に合わせることが得意ではありません。小学校の低学年までは同級生同士の人間関係もそれほど複雑ではなく、対等な関係であまり気を使うこともありません。ところが思春期にさしかかると序列も生まれ、「○○さん」や「○○ちゃん」など一人ひとり呼び方も変えて、相手に合わせたコミュニケーションを展開しなければなりません。

興味関心のある分野に比べて人間関係には思うように脳のエネルギーが分配されないST気質の子どもたちにとって、思春期における同級生とのつき合いはやっかいです。誰に対しても、笑顔でいい人を演じようとするために、心身のエネルギーを使い果たし、学校に行けなくなってしまうのです。

企業社会もママ友社会も基本的には学校と同じです。同年代とのつき合いが苦手なら、無理をすることはありません。さっさと逃げ出してしまえばいいのです。思い切って辞めてしまうことをおすすめします。それでいっこうに構わないのです。

そして、趣味の世界や地元の人などとの異年齢交流に力を注ぎませんか。

年上の人たちは話をよく聴いてくれますし、耳に痛いアドバイスも好意を感じている少し距離のある年上の人からなら受け入れやすくなるでしょう。

人間関係でストレスをためやすい人は、基本的に生真面目で、誰とも仲良くしなければならないという強迫的観念に支配されています。しかし、どんなに努力して仲良くしようとしても、波長が合わない人はいるのです。波長の合わない人とも仲良くしなければならないと無理をするから、ストレスがたまるのです。仲良くできないのは、自分に問題があると自分を責めることが〝うつ〟に道を拓くことにつながります。

人間関係にストレスをためやすい人は、安心でき癒される人間関係に切り替えましょう。うつ的気分に陥りやすいあなたにとって、つき合ってプラスになるのは、あなたのすべてを肯定的に受けとめてくれる人、指示的・要求的コミュニケーションではなく愚痴をきちんと聴いてくれる人、落ち込んだ気持ちを癒し、励まし、元気づけるコンプリメントのたくみな人です。

逆に、落ち込んでいるときに正論を掲げ、反省や努力を要求する人はＮＧです。

家族を守るためにも、人間関係の切り替えに挑戦してみてください。

9 出かけるところを切り替える

私は田舎育ちなので都会の雑踏が苦手です。人の間をすり抜けて歩くだけでも疲れてしまいます。ぎゅうぎゅう詰めの満員電車もストレスの種です。特に冬場は、人混みの中で風邪のウィルスを拾ってしまうことが多いので、精神的に緊張しストレスは倍加します。仕事上、電車を避けることができない場合は、できるだけ空いている各駅停車を選び、車両と車両の連結部の近くに乗ることにしています。

ストレスがたまったら、一人で車に乗って近郊の里山に出かけます。最もお気に入りの場所は、埼玉県の毛呂山町にある、武者小路実篤とその同志の方が開村した〝新しき村〟です。

梅林・栗林・水田が山あいに広がり、春は咲きほこる梅の花、桜の花、レンゲ草に菜の花、そして秋には彼岸花と見事な紅葉が眼を楽しませ、心を癒やしてくれます。生きていることの幸せを感じる一瞬です。

ときどき、ぶらっと出かけては、今まで通ったことのない道路に挑戦します。基本的に高速道路は好きではありません。緊張の連続でストレスがたまるからです。車のほとんど走らないような農道をゆっくり走っていると、山々の新緑・紅葉のグラデーションに感動します。自分のふるさとに帰ったような気がするからでしょうか。至福の瞬間です。

心身が疲れたとき、ここへ出かければ癒されるという至福の場所が一カ所でもあれば、〝うつ〟を防ぐ力になることでしょう。

美術館・博物館・水族館・動物園・映画館・アイドルのコンサート・デパートの地下・川・海・近くの山・日帰り温泉・岩盤浴等々。

あなたはどこへ出かけますか？

10 見るものを切り替える

ストレスをためやすい人は、どうしても人やできごとの否定的な部分に目がいきがちです。子どもの欠点ばかりが見えるので、それが許せなくなりイライラしてしまうのです。夫婦でもお互いの欠点が先に見えて、お互いを傷つけ合うコミュニケーションのきっかけになります。

そうならないためには、見るものを切り替える必要があります。子どもの欠点に目を向けない。許せない行動からは目をそらすことが大切です。

・子どもの書いた汚ない字は見ないようにしてきれいに書けている字を探す。
・衣服を取り散らかしているところは見ないで、片づけ始めたところを見る。
・ゲームをしている姿は見て見ぬようにして、机に座って勉強を始めたところを見る。
・子どもが怒っている顔は見ない。穏やかに笑っている顔を見る。

自分が嫌になったりストレスを感じそうな被写体は極力見ないようにして、他のことに集中し、自分にとって好ましい被写体に目を向けるよう心がけましょう。これはペアレントトレーニングと言われるものの一種ですが、いろいろなところに応用できます。

落ち込んだ気分を晴れやかなものにするためには、晴れやかなものに目を向ければいいのです。

・町で見かける赤ちゃんの笑顔
・雲ひとつなく晴れわたった青空
・5月の空に泳ぐ鯉のぼり
・近所の家の庭に咲く赤いバラ
・飼い主に抱かれたかわいい小犬
・坂の上から見える街の夜景
・すれ違う若者たちのカラフルなファッション
・目をなぐさめてくれる新緑のグラデーション

そして、「すてきだね！」と声に出してみるといいのです。

私の家のお隣さんは盆栽づくりの名人で、庭先には300鉢を越えるよく手入れされた盆栽が所狭しと並んでいます。その枝ぶりは例えようもないぐらい見事なものです。それを眺めるだけで心は癒され、幸せな気分になれます。

また、家のすぐ近くにある多摩湖のえん堤の上から眺める富士山にも元気をもらいます。

夕陽の中に浮かぶ富士山の凛とした姿は、「小さなことでくよくよ悩みなさんな。今、ここに生命があるだけで最高じゃないか」と呼びかけてくれているような気がします。

さあ、少し顔を上げて、見るものを切り替えてみましょう。

11 気持ちのいいことをする

気分が落ち込んだときには、そのままにしないで気持ちのいいことにチャレンジしましょう。

私が取り組んでいる気持ちのいいことを紹介します。

・朝、太陽が出ている日は、ベランダに出てその陽ざしを身体いっぱいに浴びる。
・そして時間があるときは、背中に陽ざしを受けながら新聞を読む。
・自分の足のふくらはぎを「ありがとう！ありがとう！」と言いながら、両手でマッサージをする（ふくらはぎは第二の心臓と呼ばれ、ふくらはぎが軟かいと血夜を心臓に戻す力が強くなり、固くなると血液を心臓に戻す力が弱くなって全身が疲労しやすくなる）。
・足の裏のくぼみを手の親指で強く押す。
・庭先の草花をながめ、会話をする。
・二日に一度は布団の上で、腹式呼吸から始めて全身のストレッチを行う（両手を頭の下に組み腰を左右に振る金魚体操は、身体が温まり最高に気持ちがいいですよ）。

・一週間に一度、マッサージと針灸をしてもらう。

・一週間に二度、陶板浴で身体の内部から温める。

・爪もみを一日に何回か行う（電車の中で集中するのに最適です）。

・できるだけウォーキングに出かけ、土の感触を楽しみながら歩く。

気持ちのいいことは人によって違いがあるでしょうから、普段から見つける努力をしてください。

・朝方の散歩
・サイクリング
・ドライブ
・ラジオ体操
・ヨガ
・気功

・エステ
・アロマテラピー
・仲良しとのおしゃべり
・スポーツ
・ジムでのトレーニング
・楽器の演奏
・創作活動
・カラオケ
・音楽鑑賞
・趣味の園芸、ガーデニング
・ひなたぼっこ
などなど。

気持ちのいいことをやっていると、セロトニンが出て幸福感が広がります。気分が落ちてきたなと感じたときには、「嫌だな」と思うことはやめにしましょう。でないと、負のスパイラルにはまってしまいます。少しでも早く気持ちのいいことに切り替えて、「気持ちいい！」と声に出して、さらに脳に対して、〝今喜んでいるのだ〟ということを伝えてあげましょう。

⑫ 安心できる居場所を見つける

私は、自分が癒される場所をいくつか見つけ、そのときの気分で使い分けしています。

私が一番幸せに浸れるのは、誰にも気を使うことなく読書ができ原稿が書ける瞬間です。自宅に書斎はありますが、北向きで下が吹き抜けの車庫になっていることもあり、特に冬場は冷凍庫の中にいるようでとても快い空間ではありません。

そこで、居場所を求めて行動を起こします。多摩地区のあるホテルのロビーは広々としており、フカフカのソファーが美しい中庭に面して配置されています。スプリングの効いたソファーに身を包まれると、身体の強張りが緩んでいくような気がします。

読書・執筆に疲れたら、お隣のカフェ・レストランで濃い目のコーヒーをいただきます。ときには、中庭の教会で結婚式をあげた幸せいっぱいのカップルから幸せを分けてもらうこともできるのです。

次に、家から歩いて20分ほどのところにある、毎日違った創作家庭料理を出してくれるカフェレストランは、川の流れが見える窓際の席を常席にしています。

天気の良い日は、家のすぐ近くにある狭山公園のベンチに寝ころがって、読書できるのも幸せです。

かつて、講演で全国を回っているときは、その地方のお城を訪ね歩くことを趣味にしていて、天守閣を見上げる城内の石垣に腰をかけて本を読むのは、無上の喜びでした。

さらには、城下町の古い町並みを歩いたのち、古い民家や蔵を改造したカフェの片隅での読書は、ハードスケジュールの旅の疲れを忘れさせてくれたものです。

いつも同じ居場所ではなく、ときどき居場所を替えてみるのも、幸せを呼ぶ力になるのではないでしょうか。

私の居場所の必要条件は、

① あまりお金がかからないこと
② 人にじゃまをされず静かであること
③ 自然が近くにあること
④ おいしいコーヒーが飲めること

いくつかの、自分が安心でき癒される〝ほっとスペース〟を、普段からポケットの中に用意しておき、気分が落ち込みそうになったとき、落ち込んでしまったときに、魔法のように取り出せると便利です。

〝うつ〟を予防し、はね返す〝切り替える力（レジリエンス）〟の一つとなるでしょう。

13 目の前のやるべきことに集中する

不安がきざしたり心配ごとが増えると、どうしても目の前のやるべきことに手がつかなくなったり、思わぬミスを犯しがちです。〝うつ〟には助走期間があると言われています。

・考えこむ時間が増える
・今まで興味・関心があったものへの意欲が薄れる
・集中力が落ちてミスが重なる
・おしゃべりが楽しくなくなる
・笑顔が消える

要するに、心ここにあらずという状態が生じるのです。その状態が続いていくと、〝うつ的気分〟は強まり、本格的な〝抑うつ状態〟・〝うつ病〟へと追い込まれることになります。

そうならないためには、目の前にあることに全力を傾けるトレーニングが必要です。

私も、家での家事分担を積極的にこなしています。朝起きたらすぐに、コードレスクリーナーで掃除をし、その後は、風呂掃除、温熱療法を行います。続いて、腹式呼吸を含めた全身のストレッチを30分ほど行い、ふくらはぎもみ、足裏のつぼ押しと、一つ一つの課題に集中して取り組むようにしています。

例え前日に嫌なことがあっても、一つ一つ目の前のことに集中して取り組むと気分が良くなり、毎日気持ちの良いスタートを切ることができるのです。

イチロー選手や五郎丸選手を見てもわかると思いますが、毎日やるべきルーティンを大事にし、目の前のやるべきことに全力で集中しています。そして、湧き起こる不安や緊張に打ち勝ち、最高のパフォーマンスを実現しているのです。

自分に「集中!集中!」と声をかけてあげるのも集中力を高めるのに効果的だと思います。

私は「凡事徹底!」と唱えながら、毎日のルーティンをこなしています。そうすることで、落ち込みが続くことはなくなりました。気持ちを〝切り替える力（レジリエンス）〟が、ぐっと向上したのを感じます。

「凡事徹底！」

あなたも唱えてみてください。

ただ、思うような成果がでない場合は、新しいルーティンに切り替えることも大事です。

うまくいったなら、続けてそれをせよ！

うまくいかないのならば、何でもいいから替えてみよ！

鉄則です。

没頭は〝うつ〟を除く確かな良薬です。

14 書くことで出口を見つける

心がもやもやしたときは、頭の中で考えているだけではグルグル堂々めぐりに陥ってしまい、なかなか出口を見つけ出すことができません。そして、「ああ、もう嫌だ！」「全く、嫌になっちゃう！」などと、否定的な言葉がつい口をついて出て、さらに気持ちは落ち込みます。

こんなときは、自分のあるがままの気持ちを活字にしてみると、自分が今どんなことで不安を感じ悩んでいるのか、何がストレスの種になっているのかが見えてきます。

例えば

不安に思っていること

・貯蓄の少なさ

・ローンの支払い

・離れて暮らす両親の健康

・パートナーの転職

悩んでいること
・子どもの進路選択
・同窓会への参加・不参加
・隣の家とのつき合い方
・ペットを飼うかどうか
・自分の体重増加
・部下の育成

ストレスの種
・パワハラ上司の存在
・思春期の子どもの登校しぶり
・兄弟間の不和
・母親からの愚痴の電話

このように書き出したら、今度は心の負担度を最高100として、項目ごとに点数化してみるといいでしょう。これはスケーリングと呼ばれる方法で、心の中の仕分け作業として、私はカウンセリングで活用しています。

そして、一つずつ解決のためのイメージを持って具体的に作戦を立て、できるところから行動を起こすのです。すぐには解決の難しい問題もあると思いますが、ただ頭の中で思い悩んでいるだけよりは、一歩踏み出すことで少なくとも自分に、「一歩踏み出したね、えらいぞ!」とコンプリメントしてあげることができます。

問題の解決へのアプローチの仕方は、いろいろあっていいと思います。しかし解決が難しい大きな問題よりは、自分自身の気持ちのありようで解決に近づけるような軽めの課題から取り組む方が、早めに達成感を得られて、自分もやれるという自信の回復につながるのではないでしょうか。

問題解決に向けてアプローチする前に、いつ頃までに解決をめざすという、ゴールの設定が重要です。ゴールには最終的なゴールと同時に、初期・中期も含めて、数段階の仮ゴールを設定しましょう。特に最初のゴールのハードルは、できるだけ低く設定することです。最初のゴールを達成できないと、行動を起こした自分を、思うようにコンプリメントしてあげることができません。何事も最初が肝じんです。

私も、自分の中の気持ちがすっきりしないときや判断に迷うときには、すぐに自分のあるがままの気持ちや感情を目に見えるかたちで文章にしたり、図式化・数値化することにしています。そうすることで整理され気づきも深まります。見えなかった出口や、向かうべき方向が見えてくるのです。

この方法は、セルフカウンセリングといってもよいと思います。カウンセリングを受ける時間のない方は、ぜひこの方法を採用してみてください。

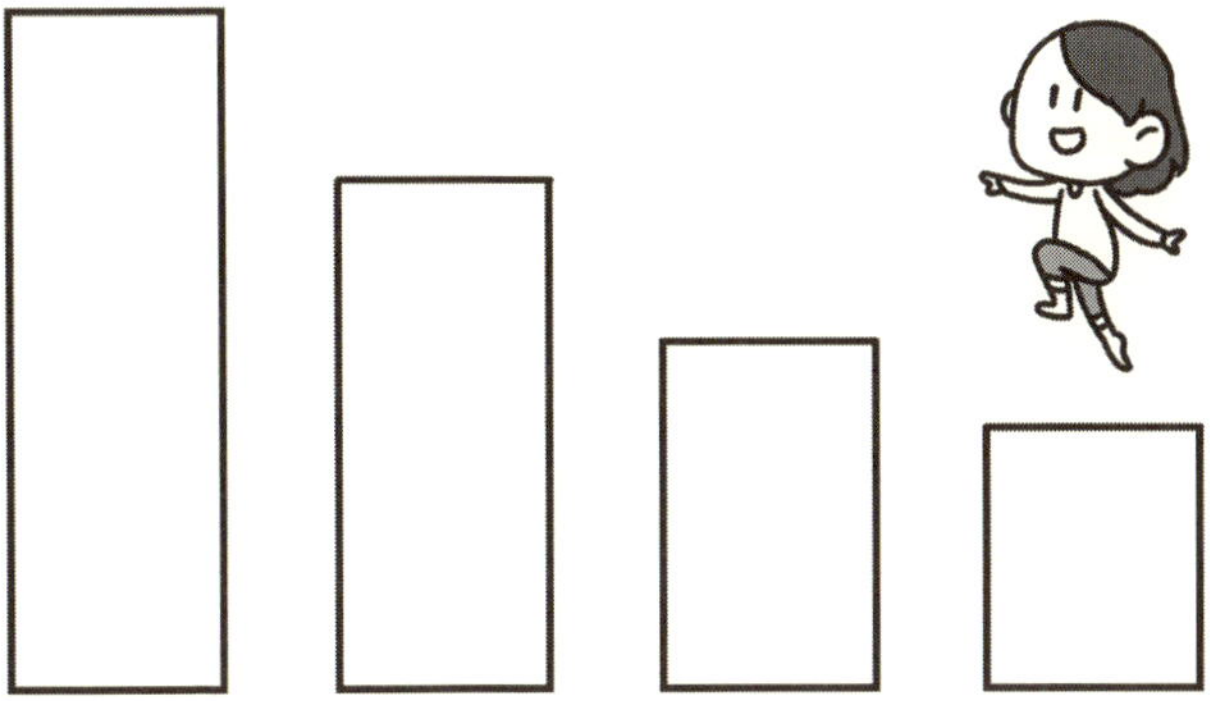

15 思い切って泣いてみる

泣くことが、ストレスの発散には最も効果的だと言われています。泣くことで、交感神経優位の状態から副交感神経優位となり、心身はリラックスモードへと切り替わるからです。泣いたあとには、脳内モルヒネとして強い鎮静作用を持つ〝エンドルフィン〟が増加し、心を浄化する役割を果たし心をすっきりさせてくれます。

また、身体の免疫力を上げる〝ナチュラルキラー細胞〟の働きが活性化することも知られています。笑うことも免疫力を上げますが、泣くことがより効果を発揮するのです。

しかし、泣くことが不安や哀しみをやわらげる効果があることは知られてきましたが、思い切って泣くためには越えなければならないハードルがあります。

私が、カウンセリングを受けにきた中高生や母親たちに、泣くことの効用を説明し泣くことをアドバイスすると、等しく返ってくるのが「安心して泣ける場所がない！」ということです。

子どもであれば、「部屋で泣いていると家族が心配するし、学校でもトイレぐらいしかない。そのトイレも、いつ人が入ってくるかわからないし、泣こうにも泣けない」というわけです。

母親も同じです。

「子どもの前で泣くわけにもいかず、家の中では家族の誰かに気づかれてしまう。だから、泣くに泣けない！」

父親であればなおのこと、泣く場所が見つからないのが現実です。

田舎であれば人目も少なく、学校帰りの農道で、河原で、浜辺で、公園の片隅で泣くことも可能でしょう。そう考えると、都会の子どもたちは、思い切り泣くことさえままならないかわいそうな環境にあるといえます。

そういう環境にあるからこそ、泣ける場所づくりは重要です。普段から意識して泣ける場所探しをしておいてください。

私がおすすめするのは車の中です。一人で出かけているときでもよし、自宅の駐車場でも構いませんが、ここはエンジンをかけ音楽を流しておけば、エンジン音と音楽にかき消されて、大きな声で泣いても大丈夫です。

車のない家庭は、一人で思う存分泣くために、カラオケボックスやホテルを利用するのも一つの方法です。宿泊しなくても時間で貸してくれるホテルも増えています。子どもは、学校の保健室で泣かせてもらうのが一番です。

涙をこらえると、緊張状態を長引かせストレスをさらにため込むことにつながります。

〝泣き屋〟という仕事もある韓国では、皆、よく泣くと言われています。泣くことで対象喪失によって生じる悲しみをやわらげているのです。

対象喪失とは、自分が大事にしているものを喪うことであり、家族との別離であったり、失恋、失職、ペットの死、自分の健康だったりとさまざまですが、その喪失感から〝うつ〟が生じやすいと言われています。それを避けるには、思い切り泣くことが一番なのです。泣くことで気持ちは浄化され、気持ちの切り替えが早くなるのです。

そういう意味では、よく泣く人は〝うつ〟を跳ね返す力が強いといえるのです。

16 家族みんなで調理をしてみよう

私は幼い頃から調理が好きでした。両親が農業で忙しいこともあり、自分の食べるものを自分で調理することが多く、そのうちに家族の分まで作ってあげると、みんなに喜んでもらえたからです。

調理ほど人間の持つ五感力のすべてを刺激する活動はありません。今でもよく思い出すのは、焼きいもを作るときの幸福感です。枯葉や薪を集め火をつけて、燃え上がる炎のゆらめきを見つめ、パチパチとはぜる音を聞き、芋の焦げる匂いを嗅ぐ。そして「あっちっち」と声を上げながら芋の皮をむき、熱々の焼き芋をほおばると、舌でその豊潤さを味わうことができます。視覚・聴覚・嗅覚・味覚・触覚の五感が喜び合って、身体中を幸福感で満たしてくれたのです。

私にとって調理とは、幸せを呼ぶ力ということができます。だからこそ、中学教師となって最初に赴任した特別支援学級でも、晩年勤務した通級指導学級でも、調理実習には特に力を注ぎました。特に、不登校体験者や心身の不調を抱えている通級学級では、子どもたちの心身の回復に調理実習は絶大な効果を発揮したのです。

最初は不安そうだった子どもが、自分で包丁を使って野菜の皮をむき、みじん切りにしたり、さいの目切りにしたり、お肉に衣をつけたり、一つ一つにチャレンジしやり抜く中で、表情が変っていくのがわかります。やればできる！やれば少しずつ具材の形が変わり、めざす調理に近づいていく。この体験の繰り返しの中で、自分の中に、自分では思いもよらなかったものを変えていく力が存在することに気づくのです。

そのことをコンプリメントしてあげることで、みるみる自己肯定感が高まっていきます。自分に対して抱いてきた自己否定感が、自分の誤まった思い込みであることを知ることで、負のスパイラルから抜け出すことができるのです。

家族の誰かが〝うつ的気分〟に陥ってしまったときには、家族で力を合わせて調理をしましょう。あまり言葉を交わさなくても効果はありますが、お互いをコンプリメントし合いながら取り組むことができれば、家族に広がっていた〝うつ的気分〟を一気にはね返す力になるでしょう。

私のところにカウンセリングを受けに来る家庭のほとんどが、父親と子どもが家の中で自分の役割のない家庭内無業者です。子どもは学力のみを要求され、家庭内の役割を与えられていません。それゆえ不登校になると、子どもには何も残らず、ひきこもるしか方法がないのです。

調理をすることによって五感が活性化し、生きる力に火が灯り始めます。

調理は〝うつ〟をはね返す最適の五感刺激活動です。

17 身につけるものを切り替える

気持ちが落ちてきたときには、何でもいいからいつもと変えてみましょう。身につけるものを変えるのはてっとり早い方法です。

私は一時期ネクタイ集めに凝った時期があって、多少ネクタイがあります。そのネクタイを、そのときの気分に合わせて取り替えることにしています。

気分の落ち気味のときには、赤のネクタイを締め、気持ちを浮き立たせるようにし、初めての人と会うときは、不安と緊張をやわらげるために、紺系やグリーン系の落ち着いた色を選びます。

それから帽子も大好きで、その日の気分で使い分けしています。

こうして持ちものや服装のコーディネイトを考えることが気分転換には大いに効果があります。普段から、この持ちものを身につけたら元気が出る、いいことがある、と暗示をかけておくのもいいかも知れません。

お守りを利用する方法もあります。「このお守りを身につけていると安心!」と、いい聞かせるのも悪くありません。

私の妻は、アロマペンダントを身につけるようになってから、元気を取り戻しました。小さなガラス容器のペンダントから漂い出るアロマの香りが、心身をリラックスさせてくれたようです。

気持ちがふさぎ気味のときは、その気持ちにおぼれずに、あえて持ちものやファッションを明るく華やぐものにした方が、気持ちも浮き立ってきます。

ときには自分へのごほうびとして、欲しかったジュエリーやバック、靴などを購入し、それを身につけることで気分転換をはかることもあっていいと思います。高価なブランド物ではなくとも、手づくりの一品物の方が、自分だけのオシャレとして気分を高めるには効果的だと思います。

18 先祖に手を合わせる

昨秋、久しぶりにふるさとの墓参りに出かけました。遠く有明海を臨み、築紫山脈と佐賀平野が接する小高い丘陵に両親の墓はあります。すぐそばには、先祖代々の墓が並んでいます。

墓の前にぬかづいて手を合わせていると、ふと涙が湧いてきました。亡き母の懐に抱かれたような安心感が広がったのです。

「みんながここにいる」

「自分に生命をつないでくれた人々がここにいる」

「ここにいる人たちのおかげで、今、ここに私の生命がある」

そして、心から、「ありがとう!」と、感謝の言葉がついて出ました。

「ここにある私の生命は私だけのものではない。代々の先祖たちが必死でつないでくれたものなのだ。その一人でも欠けていたら、今、私はここにいない。先祖たちの生命をつなぐための日常は、今の時代を生きる私にとっては想像のつかないほどの過酷さであったに違いない」

そう思うと、今、ここにある生命の尊さを改めて感じることができました。「もっと強く生きよう！」と、自分に言い聞かせて、墓をあとにしたのです。

あなたの生命も、代々のカップルたちが愛を育み、度重なる戦さや、干ばつを始めとする自然災害、疫病などを、力を合わせて乗り越えた奇跡のような生命なのです。もしも、落ち込むときには、ご先祖様に手を合わせ、自分の生命が必死の努力でバトンされてきた〝奇跡の生命〟なのだと確認してみてください。ご先祖様の「気弱になるな！　みんなで応援してるぞ！」という声が聞こえてきますよ。

ご先祖様が必ず守ってくださると思えたら、元気も湧いてくるのではないでしょうか。

19 寝る前の儀式を大事にしよう

夜、ぐっすり眠れることが最高の幸せではないでしょうか。貧富の差、地位に関係なく眠りは平等に与えられます。眠りたいのに眠れない、これほど苦しく辛いものはありません。

〝うつ的気分〟から〝抑うつ状態〟さらには〝うつ病〟へと気分障害が強まるにつれて、眠りの質が低下していきます。最初は、眠りにつくまでの時間がかかるところから始まり、夜中に何度か目が覚める。そして、目が冴えて眠れなくなり、熟睡できないままに朝早く目覚め、否定的な思考が頭に張りついて離れなくなるのです。そして、夜がやってくるのが恐怖だというところまで追いつめられることも少なくありません。

睡眠さえ十分に取れれば〝うつ〟が悪化することはありません。しかし、今まで紹介してきた、さまざまな切り替えスキルを動員しても負のスパイラルから抜け出すことができなければ、睡眠導入剤の力を借りることを否定はしません。

でも、睡眠導入剤に頼る前に、これから提案する儀式を試してみてください。

1. まず、全身の力を抜いて布団に寝てください。このときに、「身体がリラックスしている！リラックスしている！」と声に出して、リラックスしていることを確認してください。
2. 腹式呼吸を10回繰り返します。
3. 薬指を除く両手の爪の生え際を、強めに10回ずつもみましょう。これを3回ほど繰り返してください（薬指は交感神経を刺激するので避けましょう）。副交感神経を刺激し、心身をリラックスさせてくれます。
4. 次に、自分の身体のすべてに「ありがとう」と声をかけてあげてください。
「呼吸器系の気管支・肺・心臓さん、今日も気持ち良く働いてくれてありがとう」
「消化器系の食道・胃・小腸・大腸・直腸・十二指腸・肛門さん、ありがとう」
「循環器系の肝臓・腎臓・すい臓・ひ臓・胆のうさん、ありがとう」
「泌尿器系の膀胱・尿管・尿道さん、ありがとう」
「筋肉・神経・血管さん、ありがとう」
「目・鼻・耳・口・歯さん、ありがとう」
「すべての関節・骨さん、ありがとう」

こう言葉に出しているうちに眠くなってきます。

最後に、「今日一日生かさせていただいてありがとうございました」と感謝の言葉で締めてください。

きっと、いい眠りにつけると思います。

「明日もよろしくお願いいたします。お休みなさい！」

あとがき

私の人生は、決して平坦なものではありませんでした。それは、私自身がST（スペシャルタレント）気質という独得の気質を内包していたからです。気持ちが落ち込むと切り替えに時間がかかり、一度相手が嫌になると関係が継続できません。一風変ったつき合いづらい人間とみなされて、逆風にさらされることが少なくありませんでした。

心理の世界に身を置くようになり、自分を深く見つめることによって、ST気質の存在に気づき、試行錯誤を繰り返しながら研究を続けてきました。

その中で、脳は本来ネガティブなものであり、放っておけば人を〝うつ〟に引き込むものであることを学ぶと同時に、幸せに生きるためには、脳に対してポジティブな働きかけが必要であることを知ったのです。

それからは自分自身で、さまざまな〝切り替える力（レジリエンス）〟にチャレンジするとともに、多くの人にも紹介してきました。そして、自分のがん体験によって自分の仮説に確信が持てるようになったので、こうして本にして世に問うことにしたのです。

ＳＴ家族をはじめとする苦戦家族が、〝うつ〟をはね返し笑顔で生きるために、この本が少しでも役に立つことを願ってやみません。

最後に若者視点でアドバイスをいただいた学びリンク編集部の皆さん、特に高橋香織さんに感謝を申し上げます。素敵なイラストを描いていただいた長谷川晴香さんにも感謝です。

平成二十九年、夏を前にして。

著者プロフィール

森　薫（家族支援カウンセラー）

1950年佐賀県に生まれる。

中央大学を卒業した後、2007年まで東京都内の中学校で、心障学級・通級情緒障害児学級などを受け持ち、熱心な生徒指導で保護者からも信頼を集める。

通信制高校副校長を経て、2012年、一般社団法人家族支援メンタルサポート協会を設立、理事長に就任。

学びリンク総合研究所所長。専門分野は、家族カウンセリング・非行問題・子育て支援・発達障害・不登校問題等多岐にわたり、子どもの不登校から見えてくる家族支援に力を入れている。

●主な著書

「子どもと夫を育てる「楽妻楽母」力」（学びリンク）
「未来に輝け！スペシャルタレントの子どもたち」(学びリンク)
「友情の円陣」（旬報社）
「友情物語－15歳の峠－」（旬報社）
「いろはにほへと－新教師物語－」（旬報社）
「ちばりよ！」（あゆみ出版）
「父さんの忘れもの」（学事出版）
「子どもを温かく包み込む思春期応援メッセージ」（学事出版）
「十四歳－ヒミコ－」（大学図書出版）
「親と子どもがともにそだつ共育力」（学事出版）
「家族支援のためのカウンセリング革命」（大学図書出版）他

不登校・ニート・ひきこもりの家族に贈る

気持ちを切り替える力（レジリエンス）

2017年　9月15日　初版第一刷発行
2019年 11月22日　第二刷発行

著　者　　森　薫
発行者　　山口 教雄
発行所　　学びリンク 株式会社
〒102-0076 東京都千代田区五番町10番地 JBTV 五番町ビル 2F
TEL：03-5226-5256　FAX：03-5226-5257
E-mail：info@stepup-school.net
ホームページ　http://manabilink.co.jp
ポータルサイト　https://www.stepup-school.net
印刷・製本　株式会社 シナノ パブリッシング プレス
表紙デザイン　株式会社 日新（藤田 康）
イラスト　長谷川 晴香